함소원과 함께하는

S라인을 만들어 주는 뷰티요가 79

Beauty & Healing YOGA

글 송규성 모델 함소원 기획 사람과사람

BM 성안당

함소원과 함께하는 S라인 뷰티 요가

2007년 1월 8일 1판 1쇄 발행
2009년 4월 30일 1판 3쇄 발행

글쓴이 : 송규성 | 펴낸이 : 이종춘 | 펴낸곳 : BM 성안당 | 주소 : 경기도 파주시 교하읍 문발리 출판문화정보산업단지 536-3
전화 : 031-955-0511 | 팩스 : 031-955-0510 | 등록 : 1973. 2. 1. 제13-12호
당사 부담 서비스 : 080-544-0511 | 출판사 홈페이지 : www.cyber.co.kr | 도서 내용 문의 : zenclinic@empal.com
ISBN : 978-89-315-7210-0

정가 : 15,000원

Staffs
기획 사람과사람 홍종남 | 책임 최동진 | 홍보 박재언 | 제작 구본철 | 교정 · 교열 안종군 | 모델 함소원
사진촬영 구디스튜디오 황영철 | 메이크업 헤어 유노 아카데미 이승주, 김미옥 | 의상 백은미 | 표지 · 본문 디자인 d-box | 출력 이펙

잠깐!

이 책을 보시는 분께

하나, 이 책은 초보자를 중심으로 집필했기 때문에 호흡 요령에 큰 비중을 두지 않았습니다.
그러나 요가 수련 도중 호흡법이 궁금하시면 언제든지 메일을 보내 주시기 바랍니다.
zenclinic@empal.com

둘, 이 책에 소개된 여러 가지 요가 동작은 개개인의 신체 특성을 고려하지 않은 것이므로
자신의 유연성과 건강 상태를 충분히 감안하여 수련하시기 바랍니다.
절대 무리하거나 여러 번 하려고 애 쓰지 마세요.
몸이 되는 대로 꾸준히 해 주는 것이 좋습니다.

프 롤 로 그 1

네 번째 요가 책을 집필하며

이 책은 저의 네 번째 요가 책입니다. 원래 요가 전반을 아우르는 '총서' 보다는 '목적형 실용 요가서'를 집필하는 데에 더 많은 관심을 가지고 있는 저에게 있어, 이번 책은 매우 의미가 크다고 할 수 있습니다.
이미 6,000년의 역사를 가지고 있는 요가는 그 활용 범위가 넓습니다. 요가가 동양인보다 이성적이라고 알려져 있는 서양인들에게 좀더 어필하고 있는 것만 보아도 그 활용성을 가히 짐작할 수 있습니다. 만약, 요가의 활용성이 그 명성에 미치지 못했다면, 지금 불고 있는 세계적인 요가 수련의 바람은 이미 몇 년 전에 끝났을 지도 모릅니다.

이 책은 다음과 같은 몇 가지 기준에 초점을 맞추어 집필되었습니다.

첫째, 초보 입문자와 중급자까지 고려한 구성

이 책은 운동 효과가 탁월한 요가 동작을 중심으로 구성하였으며, 일반인이 취하기에 불가능하거나 어려운 동작은 최대한 배제하였습니다. 동작의 난이도 또한 이제 막 요가를 배우기 시작하는 사람의 수준에 맞추어 설정하고, 현재 요가를 수련 중인 사람에게도 도움이 될 수 있도록 응용 동작도 포함하였습니다.

둘째, 기존의 요가서와 차별화한 실속 있는 내용

요가의 다양한 동작 중에는 근력이 필요한 경우가 많은데, 이 책에서는 근력이 많이 필요한 동작을 가능한 한 제외하였습니다. 동작을 수행하다가 근력이 떨어져 안전 사고가 발생할 수 있기 때문입니다. 또한 중급자의 활용을 고려하여 기존의 요가 책에서는 찾아볼 수 없었던 호흡 요령에 대한 정보를 조금이라도 더 수록하고자 노력하였습니다.

셋째, 뷰티 요가와 힐링 요가의 절묘한 접목

시중의 200여 권이 넘는 요가 책 중에서 몸매를 위한 요가 책은 그리 많지 않습니다. 이 책은 매력적인 몸매를 만드는 데에 도움이 되는 뷰티 요가와 힐링 요가를 접목시켜 미용과 건강을 동시에 챙길 수 있도록 배려하였습니다. 또한 단순히 한 가지 동작의 소개에서 끝나는 것이 아니라 연관되는 동작까지 제시하여 '꼬리를 잇는' 수련이 가능하도록 구성하였습니다.

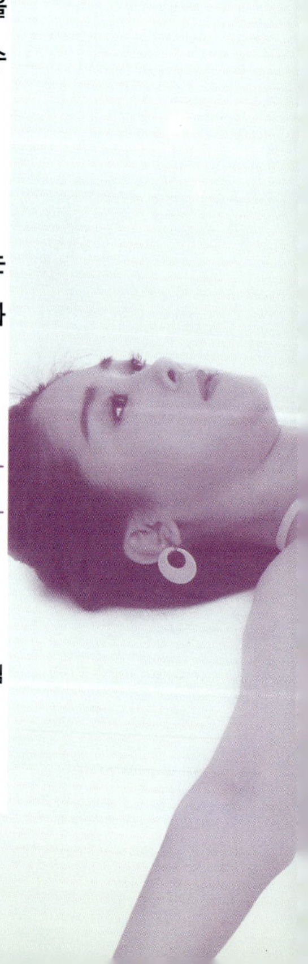

마지막으로, 이 책이 나오기까지 함께 고생해 주신 [사람과 사람]의 김경아 팀장님, 아름다운 요가 포즈를 연출해 주신 함소원 님, 좋은 작품을 만들어 주신 스튜디오 관계자 여러분, 성안당 출판사분들께 깊은 감사를 드립니다.

송규성 드림

프 롤 로 그 2

요가 책의 모델로 참여하면서

휴~

막상 프롤로그를 쓰려고 하니 '이제야 비로소 끝이 났구나.' 하는 생각과 함께 그 동안 사진 촬영을 하면서 힘들었던 순간들이 주마등처럼 눈앞을 스쳐가네요. 처음 출판사에서 요가 모델을 제안받았을 때, 사실 저로서는 망설이지 않을 수 없었습니다. 물론, 그 누구보다도 다이어트와 몸매 관리에 관심이 많아 요가 지도자 자격증까지 취득하기는 했지만, 과연 잘할 수 있을까하는 걱정이 먼저 앞섰기 때문입니다. 그러나 좀 더 긍정적으로 생각하기로 했습니다. 내가 할 수 있는 일이라면 하자! 그리고 최선을 다하자! 그런 마음을 먹고 원고를 받아보니 꼭 해 보고 싶다는 생각이 들었습니다. 저 역시 요가 지도자 자격증을 취득하기 위해 여러 종류의 책을 많이 보았지만, 항상 2% 부족하다는 느낌이었거든요.

모자라지도 넘치지도 않게, 딱 그 만큼

오랜 작업 시간 내내 제 머릿속을 떠나지 않았던 생각은 '어떻게 하면 많은 사람들이 요가를 쉽게 접하고, 이를 활용하는 데에 도움을 줄 수 있을까?' 하는 것이었습니다. 그러다 어느 순간, '그래 딱 그 만큼이야. 내가 너무 모자라는 것도 문제가 있지만, 너무 넘치는 것 역시 이 책을 보는 분들에게는 부담이 될 거야.' 라는 생각이 들었습니다. 그래서 무엇보다 한 컷 한 컷 사진 촬영을 하면서 모자라거나 넘치지 않으려고 노력했습니다.

끝으로 이 책의 모델로 참여하게 된 것을 기쁘게 생각하며, 영원히 좋은 추억으로 간직하겠습니다. 요가 분야의 대선배님으로서 많은 가르침을 주신 송규성 선생님과 많은 시간 저와 함께 고생하신 구디 스튜디오 관계자, 스타일리스트, 코디네이터, 그리고 소중한 기회를 제공해 주신 [사람과사람]의 김경아 팀장님, 성안당 출판사 여러분에게 감사의 말을 전합니다.

모델 함소원 드림

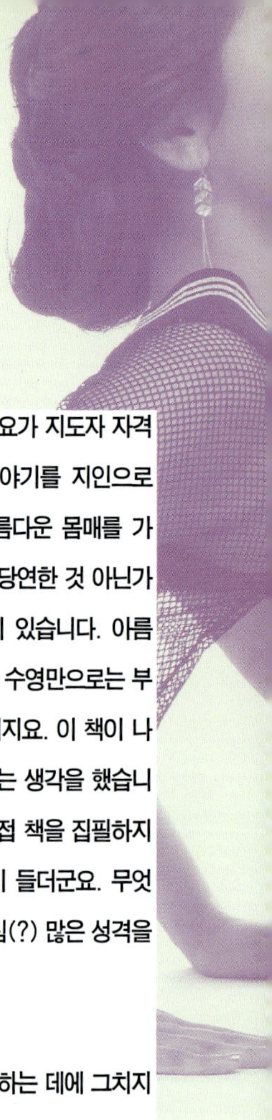

요가가 생활 속에 뿌리 내리는 데에 많은 도움이 될 듯

'요가'가 '수행'이 아닌 '운동'처럼 생활 속에 파고들어 자리를 잡은 지도 꽤 오래된 것으로 알고 있습니다. 저는 이 책을 통해 선수 생활을 하면서 해 왔던 준비 운동과 가벼운 스트레칭이 요가의 한 맥락이며, 요가가 우리 몸에 어떤 유익한 자극을 주는지 알 수 있었습니다. 요가는 고된 운동 뒤에 찾아오는 휴식 시간의 달콤함처럼 우리 생활에 활력을 주고, 남녀노소를 불문하고 모두가 좋아하고 즐길 수 있는 좋은 운동이라고 생각합니다.

이 책에는 요가 자세 하나하나마다 어떤 효과가 있고, 우리 몸에 어떻게 작용하는지가 꼼꼼하게 설명되어 있어서 초보자들에게는 더할 나위 없이 좋은 책이라고 생각합니다. 특히 어렵고 딱딱한 설명으로만 구성되어 있는 것이 아니라, 초보자라도 쉽게 따라할 수 있는 사진과 해설이 실려 있습니다. 이 한권의 책이 요가가 생활 속에 뿌리 내리는 데에 훌륭한 역할을 해 낼 수 있을 것으로 생각하며, 아울러 언제 어디서든 내 몸에 맞는 동작을 골라 수련할 수 있도록 만들어진 친절함에 박수를 보냅니다.

| | | | | | 문대성(2004년 아테네 올림픽 태권도 금메달리스트)

큰일을 해 낼 것만 같았던 그녀, 함소원

언젠가 함소원 씨가 요가 지도자 자격증을 취득했다는 이야기를 지인으로부터 전해 듣고, 아름다운 몸매를 가진 여자로서 어쩌면 당연한 것 아닌가 하는 생각을 한 적이 있습니다. 아름다운 몸매는 항상 가꾸어야 하고 그러기 위해서는 헬스나 수영만으로는 부족하다는 걸 누구보다도 잘 알고 있는 사람이었기 때문이지요. 이 책이 나오기 전 원고를 미리 보니 '드디어 큰일을 해 냈구나!' 하는 생각을 했습니다. 처음에는 요가 지도자 자격증까지 있는 그녀가 왜 직접 책을 집필하지 않았을까 의아해했지만, 원고를 보니 '역시!' 하는 생각이 들더군요. 무엇이든 열심히 완벽하게 해 내지 않으면 안 되는 그녀의 욕심(?) 많은 성격을 제가 잠시 잊고 있었던 것입니다.

이 책의 가장 큰 특징은 요가 동작이 왜 좋은지 만을 설명하는 데에 그치지 않았다는 데에 있습니다. 요가 동작 하나가 건강과 미용에 미치는 효과가 어떻게 다른지를 구별하여 누구나 쉽게 요가의 효과를 이해할 수 있도록 배려하고, 동작 하나를 완성하기까지의 전 과정을 누구나 쉽게 따라할 수 있도록 사진을 곁들여 친절하게 설명하고 있습니다. 이 책의 저자 역시 요가 전문 지도자로서 과거에 요가에 관한 책을 집필한 실력있는 작가분이라는 이야기를 듣고 이제야 제대로 된 요가 책이 나오는 것 같아 내심 흡족하였습니다. 모쪼록, 이 책이 이제 막 요가를 수련하고자 하는 분이나 수련 중에 있는 분들에게 실제로 많은 도움이 되었으면 하는 바람입니다.

| | | | | | 김민규(영화 감독)

요가 입문서로서 손색이 없는 책

최근 요가의 중요성이 대두되면서 많은 협회와 요가원들이 생겨났습니다. 시간이 지나 그 장점과 단점이 명확해지면서 책을 통해 요가에 관련된 지식을 얻고자 하는 독자층이 생기게 되었지요. 시간과 돈을 절약하며 효과적으로 요가를 배울 수 있는 요가 책의 역할이 중요해지고 있는 시점에서 이미 여러 권의 실용 요가 책을 집필한 경험이 있고, 나름대로 좋은 평가를 받고 있는 저자이기 때문에 요가 입문서로서 더없이 훌륭한 역할을 할 것이라 믿어 의심치 않습니다.

이 책의 저자인 송규성 씨는 대체 의학에 대한 폭넓고 해박한 지식과 오랜 경험으로 요가와 아유르베다에 대한 연구를 꾸준히 해 온 것으로 알고 있습니다. 목적형 요가 책인 '다이어트 요가' 책과 '키 크기 요가' 책에 이어 일반인을 대상으로 하는 이번 요가 책의 가장 큰 장점은, 각 자세 간의 연관성에 주목하여 유사한 동작이나 효과끼리 묶어 연동 수련을 할 수 있도록 구성되어 있는 점이라고 생각합니다.

언젠가 초보자가 쉽게 요가에 대한 두려움을 떨치게 하고 싶다는 저자의 말을 먼저 들었기 때문인지 벌써부터 독자들의 반응이 기다려집니다. 이미 많은 요가서가 시중에 출판되었지만, 오랜 세월 동안 다듬어진 요가를 현대적인 안목으로 재해석한 대중적인 실용 요가서는 흔치 않은 것으로 알고 있습니다. 아무쪼록 이 책을 통해 많은 분들이 건강과 마음의 평안을 동시에 얻을 수 있게 되기를 바랍니다.

| | | | | | 최재훈(비슈바 요가테라피(Vishva Yoga Therapy) 연구회 부회장)

최고의 저자와 최상의 모델과의 만남

어렵고 힘들었던 시절에는 단지 배부르게 먹고, 배만 불룩 나와도 마냥 좋은 때가 있었습니다. 이른바 '사장 체격'이 부의 상징이던 시절이었지요. 하지만 이러한 말들은 남성에게만 주로 해당되는 말이었고, 뚱뚱한 여성은 그 시절에도 좋은 대우를 받지 못했습니다. 이런 관점에서 보면, 예나 지금이나 여성에 대한 잣대는 크게 변하지 않은 것 같습니다. 여전히 날씬한 여성을 선호하는 걸 보면 말이죠. 그러나 날씬한 몸은 미적인 부분에서만 중요한 것은 아닙니다. 과거 '예뻐진다면 건강쯤은 해쳐도 된다.'고 생각하던 과도기를 거쳐 이제 미(美)와 건강을 동일한 개념으로 보는 사람들이 많아졌습니다.

건강과 아름다움, 그리고 웰빙에 관심이 많은 요즘, 이와 관련된 책들도 많이 출간되었습니다. 그러나 기존 요가서는 어느 한 쪽만 부각되거나, 아주 쉽거나, 아주 어려운 경우가 많았습니다. 저는 평소 이런 점이 무척 안타까웠는데, 실용 요가서를 주로 집필해 온 저자가 이번에는 요가를 뷰티(美容)와 힐링(治癒)의 두 가지 관점으로 해석한 대중서를 발간한다고 하니 사뭇 기대가 됩니다. '아름다움'과 '치유'는 대중의 가장 큰 관심사이기 때문이지요. 또한 이 책의 모델로 미스 코리아 출신 연예인 함소원 씨가 참여한다고 들었습니다. 아름다움의 상징인 미인 대회 출신이면서 요가 지도자 자격도 갖추었다고 하니 저자의 책자 모델로 제격인 것 같습니다. 물론 개인적인 생각이기는 하지만, 이 책은 최고의 저자와 최상의 모델이 만난 대중의 욕구에 부응하는 꿈의 요가책이 되리라 확신합니다.

| | | | | | 강다은(요가 & 체형미 전문 보건미용기관 '북서울 웰빙문화원' 원장)

함소원과 함께하는 S라인 뷰티 요가 동작 미리 보기

Part 1 | 섹시한 가슴을 만들어 주는 뷰티 요가

기지개 켜는 고양이 자세(50쪽)

누운 영웅 자세(52쪽)

물고기 자세(54쪽)

소화 촉진 자세 (56쪽)

마개뽑이 자세(58쪽)

종달새 자세(60쪽)

백로 자세(62쪽)

반(半) 활 자세(64쪽)

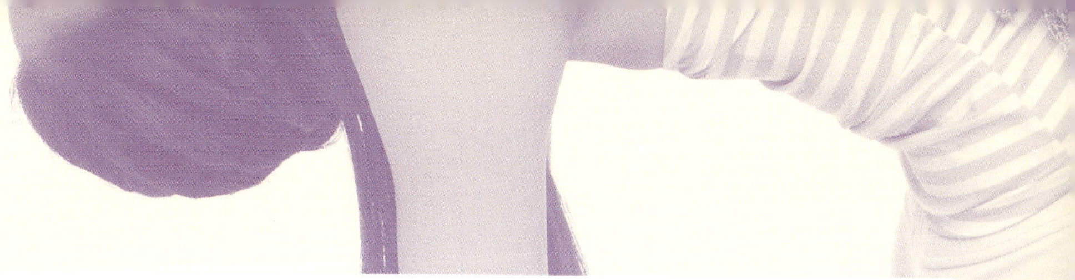

누운 활 자세(66쪽)

팔깍지 쟁기 자세(68쪽)

샴 고양이 자세(70쪽)

Part 2 | 이기적인 S라인을 선물하는 뷰티 요가

태양 예배 자세(78쪽)

반달 자세(80쪽)

손가락 하늘 겨누기 자세(82쪽)

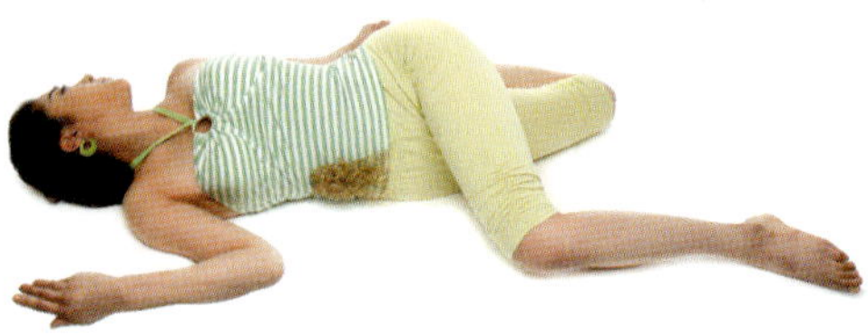

만자(卍字) 자세(94쪽)

비틀기 합장(合掌) 자세(96쪽)

누운 비틀기 자세(84쪽)

다리꼰 담경도인 자세(86쪽)

기지개 자세(88쪽)

바깥다리 끌어당기기 자세(90쪽)

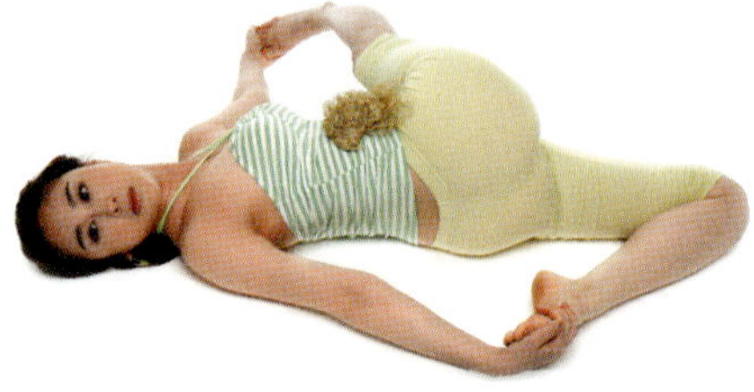

악어 자세(92쪽)

Part 3 | 탄탄한 복부를 위한 파워 요가

브이(V) 수평 자세(104쪽)

90도 쟁기 발끝젖히기 자세(106쪽)

90도 쟁기 자세(108쪽)

가래 자세(110쪽)

무릎당겨 머리들기 자세(112쪽)

방귀 자세(114쪽)

보트 자세(116쪽)

낮은 브이 자세(118쪽)

Part 4 | 매력적인 뒷모습을 위한 등 교정 요가

배근 강화 자세(126쪽)

손발끝 당겨 쟁기 자세(128쪽)

삼각형 자세(130쪽)

깊은 코브라 자세(134쪽)

활 자세(136쪽)

코브라 자세(132쪽)

날기 자세(138쪽)

늑대 자세(140쪽)

전굴 자세(142쪽)

토끼 자세(144쪽)

낙타 자세(146쪽)

앵무새 자세(148쪽)

사자 자세(150쪽)

하품 자세(152쪽)

Part 5 | 슬림한 엉덩이와 골반을 위한 파워 요가

무릎 - 귀닿은 쟁기 자세(160쪽)

소머리 자세(162쪽)

길상 자세(164쪽)

길상 들기 자세(166쪽)

골반 띄우기 자세(168쪽)

골반 정리 자세(170쪽)

삼각다리 눕기 자세(174쪽)

곰 자세(172쪽)

매뚜기 자세(176쪽)

Part 6 | 아찔한 모델의 다리를 선물하는 뷰티 요가

하늘송곳 자세(어깨로 서기)(184쪽)

하늘 겨누기 자세(외다리 송곳)(186쪽)

가위 자세(188쪽)

박쥐 자세(190쪽)

독수리 자세(192쪽)

천칭 자세 (194쪽)

나무 자세(196쪽)

무용수 자세(198쪽)

아치 자세(200쪽)

다리 모아 만세 자세(204쪽)

다리 띄워 모으기 자세 (202쪽)

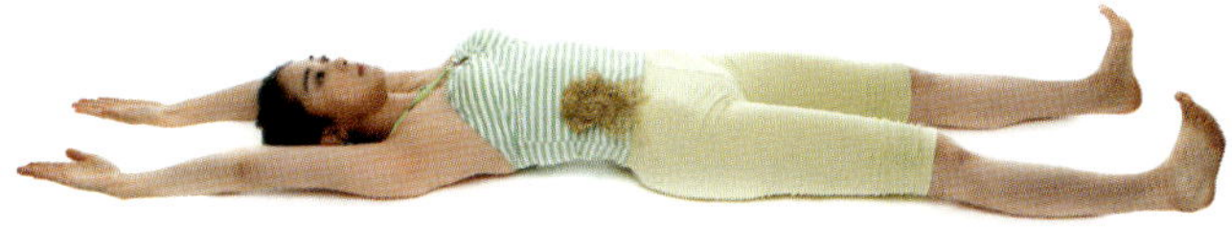
발끝 당겨 만세 자세(206쪽)

Appenix 1 | 깊이 있는 요가를 위한 변형 요가

비둘기 자세(212쪽)

밸런스 날기 자세(214쪽)

반 활 자세 좌법(坐法)(216쪽)

역(逆) 물고기 자세(218쪽)

누운 길상 자세(219쪽)

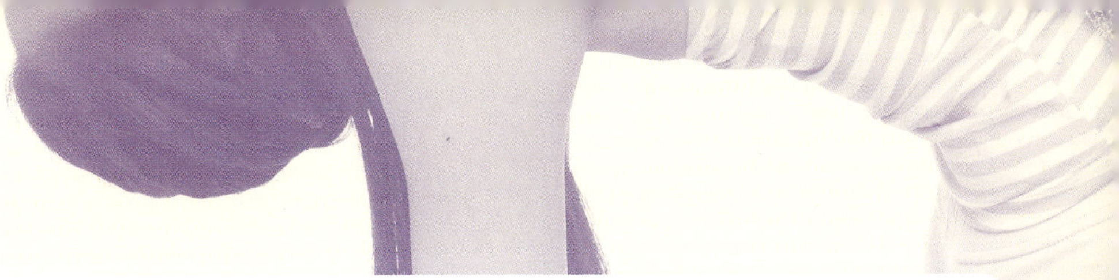

역(逆) 토끼 자세(220쪽)

비틀기 자세의 변형 1(221쪽)

비틀기 자세 변형 2(222쪽)

비틀기 자세 변형 3(223쪽)

메뚜기 자세 변형 1(224쪽)

메뚜기 자세 변형 2(225쪽)

Appendix 2 | 생동감을 불어넣어 주는 다이내믹 요가

손목 풀기 체조(228쪽)

다이내믹 활 자세(229쪽)

다이내믹 가래 자세 1(230쪽)

다이내믹 가래 자세 2(232쪽)

다이내믹 가래 자세 2(머리 든 자세)(233쪽)

다이내믹 하늘 송곳 연속 자세(234쪽)

다이내믹 날기 자세(235쪽)

다이내믹 코브라 자세(236쪽)

일석이조, 효과 아우르기

제목에 대표 효과를 넣어 어떤 효과가 있는지를 한 눈에 볼 수 있습니다. 그런 다음, **뷰티** 와 **힐링** 으로 나누어 같은 자세이지만 건강과 뷰티를 모두 충족시킬 수 있도록 하였습니다.

바쁘다 바빠! 요가 정보 한눈에 보기

이 동작을 위해서는 평균 어느 정도 해야 효과적인지 시간과 횟수, 그리고 호흡 정보를 한 눈에 볼 수 있도록 하였습니다. 또한 구체적인 효과를 볼 수 있어 일일이 따라하지 않아도 웬만한 동작과 효과를 배울 수 있습니다.

한 동작만 봐도 OK!

굳이 따라하기를 하지 않아도 됩니다. 완성 동작에 부위별로 어떻게 좋은지를 선으로 뽑아 보기 좋게 정리해 두었습니다. 한 동작만 취해도 건강과 아름다움을 한꺼번에! 바쁜 직장인과 주부들에게 많은 도움이 될 것입니다.

옆구리와 허리
Beauty & healing Yoga
18

잘록한 옆구리를 위한

바깥다리 끌어당기기 자세

뷰티 날씬한 옆구리를 만들어 주는 요가 **힐링** 비뚤어진 척추와 골반을 바로잡는 요가

수련 시간 : 3~20분 이내 적당한 횟수 : 좌, 우 각 2~5회 이내

동작 팁 : 1~3분 휴식 시간을 두고 '수련-휴식-수련'

효과
❶ 척추 측만증이나 일반 요통에 좋습니다.
❷ 허벅지의 위쪽이 당겨지기 때문에 골반 교정에 효과적입니다.
❸ 허리 부분에 강한 자극을 주어 허리를 날씬하게 해 줍니다.
❹ 누구나 쉽게 할 수 있는 동작으로 십자 자세나 비틀기 자세와 같이 수련하면 더욱 효과적입니다.

090

동작 따라하기

완성 동작이 좀 어렵다고요? 걱정하지 마세요! 어떤 순서로 동작을 만들어가 야하는지를 친절하게 설명해 놓았습니다. 사진과 설명을 보면 '아하!' 하고 무릎을 치게 될 것입니다.

선뽑기

이 동작에서 가슴은 어느 정도로 젖혀 주어야 하는지, 어깨의 각도는 어느 정도인지 궁금할 것입니다. 사진에 직접 표시해 두었기 때문에 아주 쉽게 배울 수 있습니다.

조심하세요

요가 자세를 취할 때 주의해야 할 부분이 무엇인지를 묶었습니다.

호흡요령

많은 분들이 호흡을 어려워하거나 궁금해하십니다. 이 책의 기본 호흡은 아주 간단하지만, 그래도 호흡을 더 많이 알고 싶은 독자들을 위해 요가 수련 도중 어떤 호흡을 해야 하는지에 대해 알기 쉽게 설명하였습니다.

목 차

PART 0

올바른 요가를 위한 확실한 스타트!

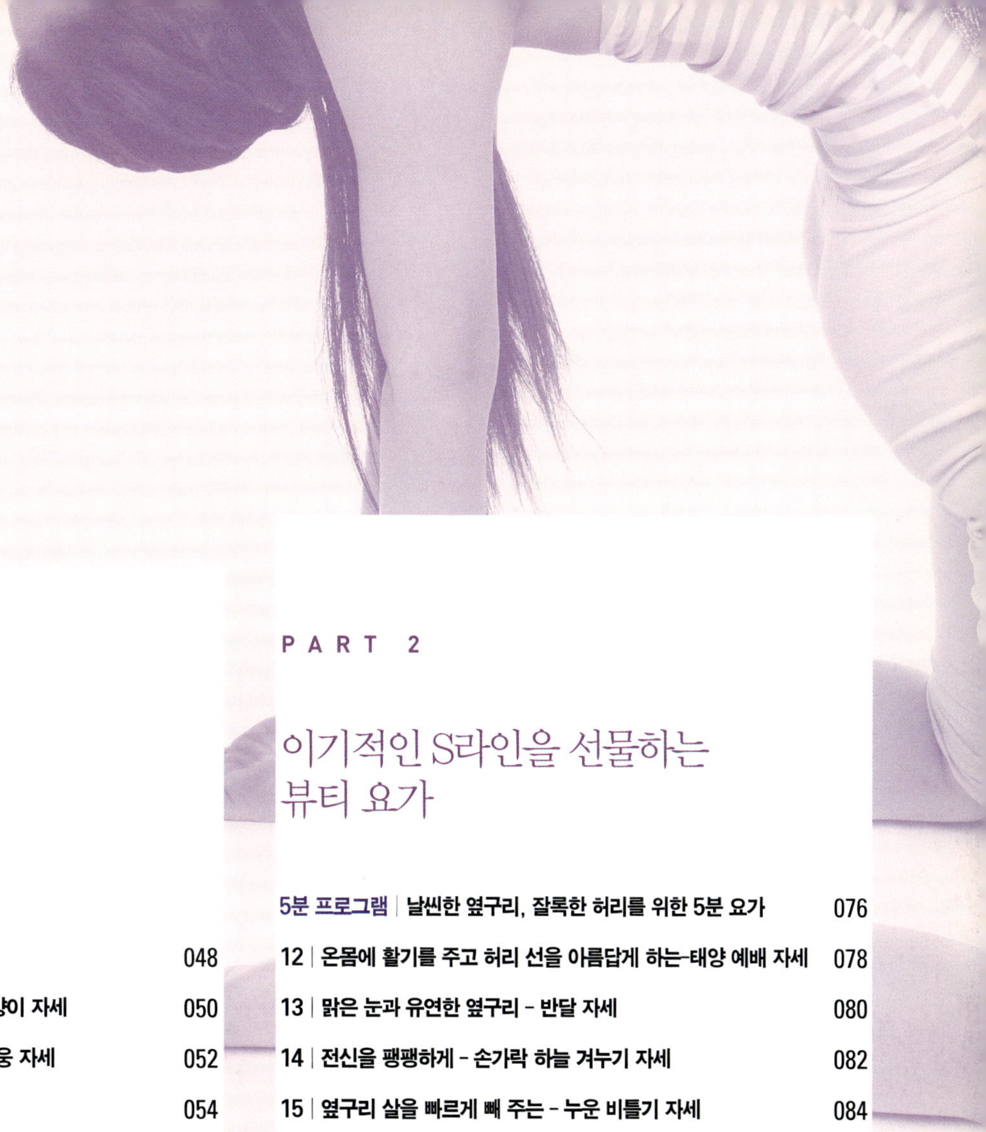

PART 1

섹시한 가슴을 만들어 주는 뷰티 요가

046

PART 2

이기적인 S라인을 선물하는 뷰티 요가

074

PART 3

탄탄한 복부를 위한 파워 요가

PART 4

매력적인 뒷모습을 위한 등 교정 요가

122

PART 5

슬림한 엉덩이와 골반을 위한 파워 요가

156

PART 6

아찔한 모델의 다리를 선물하는 뷰티 요가

APPENDIX 1

깊이 있는 요가를 위한 변형 요가

210

APPENDIX 2

생동감을 불어넣어 주는 다이내믹 요가

226

Part 0

올바른 요가를 위한 확실한 스타트!

우리몸에 미치는요가의 효과

1

폐와 호흡기에 미치는 효과

요가를 수련하면 호흡량이 증가되어 폐를 비롯한 호흡기 기능이 좋아집니다. 우리 육체는 운동시 많은 산소를 요구하게 되는데, 이러한 산소는 호흡량이나 혈액의 흐름이 증가될수록 빠른 시간 내에 보충이 됩니다. 평소 요가를 하면 산소를 적재적소에 옮겨 활용하는 능력이 발달하게 되므로, 결과적으로 폐 기능이 발달하게 됩니다. 요가는 느린 운동이기 때문에 산소 요구량이 적을 것이라는 오해가 있기도 하지만 과학적인 시각으로 보아도 흉곽을 확장하여 폐를 확장시키고, 잔기를 배출하고 심호흡을 유도하는 등 폐를 적극적으로 자극하는 요소를 많이 내포하고 있으므로, 심신 허약자나 어린이, 여성이나 노인들에게도 추천할 수 있는 안전하면서도 활용의 폭이 넓은 운동입니다.

피부 미인을 만들어주는 효과

평소 운동을 하지 않는 사람은 요가를 함으로써 체지방이 감소되어 비만을 개선할 수 있습니다. 이러한 과정은 결국 신진대사 촉진의 효과라고 할 수 있습니다. 즉, 신진대사 과정을 활성화하여 몸 안에 축적되어 있는 노폐물을 빨리 몸 밖으로 내보내는 원리로, 우리 몸의 세포 입장에서 보면 늘 깨끗한 상태를 유지할 수 있게 되는 것입니다. 체내 노폐물의 대표격인 변의 경우를 보더라도, 변비 때문에 고생하는 사람의 피부나 건강 상태를 보면 이를 쉽게 알 수 있습니다. 신진대사가 잘 이루어져 체내 노폐물의 배출이 원활해지면 피부도 그만큼 젊어지게 되는 것입니다. 결과적으로 요가 수련은 신체 칼로리의 소비 효율이 좋아지고, 몸 안의 노폐물이 빨리 배출되므로 맑은 피부를 만드는데 기여하는 작용을 합니다.

튼튼한 심장을 만들어주는 효과

요가를 하면 요가를 하지 않았을 때보다 심장 박동 수가 증가되어 신체적 운동 수행 능력이 향상되며, 심장혈 관계인 관상 순환계의 기능이 향상되므로 심장병을 예방합니다. 또한, 같은 양의 운동을 할 경우, 평소 슬로우 엑서사이즈(느린 운동 계열의 총칭)의 대표격인 요가를 수련한 사람이 수련하지 않은 사람보다 심장에 무리가 가는 운동을 했을 때에도 원상태로 회복되는 시간이 짧습니다.

원활한 혈액 순환의 효과

평소 혈액순환이 잘 안되는 사람이 요가를 하면 혈관이 확장되어 혈행이 좋아집니다. 또 고혈압이 개선되고, 동맥경화가 호전됩니다. 뿐만 아니라 신체 각 부분을 골고루 움직이게 하므로, 말단의 모세혈관이 발달하여 냉증이 개선될 뿐만 아니라 적혈구의 헤모글로빈 수치도 증가시켜 빈혈의 치료에 도움을 줍니다.

탄력 있는 근육을 만들어 주는 효과

운동을 하게 되면 우리의 인체는 '몸 안에서 산소를 활용하는 능력'이 좋아지면서 근력 또한 적당한 신체 훈련을 통해 몇 주 만에 20~40% 정도 증가됩니다. 운동을 하면 기본적으로 근육이 발달하는데, 근육이 어느 정도 굵어지게 되면 상대적으로 체내 지방의 양이 줄어듭니다. 또, 요가는 혈액 순환을 잘 되게 하고 지구력을 증가시켜 몸 안의 산소 활용을 촉진하며, 만성적인 운동 부족으로 생길 수 있는 근육의 위축을 막아 주기도 합니다. 더불어 유연성을 길러 주어 근육을 탄력있게 만들어 주고 근육의 기능을 강화시켜 줍니다.

여성의 뼈를 튼튼하게 해 주는 효과

평소에 운동을 하지 않으면 관절이 퇴화되고 위축되어 관절 통증이 오기 쉽습니다. 또한 근육 파열이나 인대 파열과 같은 상해나 부상을 입기도 쉬습니다. 요가는 평소 관절에 자극을 주기 때문에 관절 조직을 강화시켜 줍니다. 보통, 뼈의 성장은 20~25세에 완성되는 것으로 알려져 있는데, 이 시기가 지나면 뼈에 있는 칼슘이 서서히 밖으로 빠져 나가게 됩니다. 일반적으로 여성은 뼈의 탈무기질화가 빨라져서 40~50대가 되면 골다공증이 생기기 쉽습니다. 이런 중년 이상의 남녀, 특히 여성이 요가를 하게 되면 골다공증은 물론 관절과 인대의 기능까지도 튼튼히 할 수 있습니다.

심신의 안정을 가져오는 효과

요가 수련을 하면 신경 기관의 협응능력과 신경 반응의 기능이 향상됩니다. 골격이 비뚤어지면 척추에서 뻗어 나간 신경들이 압박을 받게 되어 많은 병을 유발시킵니다. 이 사실은 서양 의학과 척추 자연의학(CHIROPRACTIC)의 연구를 통해서도 이미 밝혀진 바 있습니다. 또한, 요가는 척추의 배열이 재정렬되어 척수 신경에서 뻗어져 나간 신경 분지 기능을 향상시킵니다. 즉, 요가의 자세 교정 효과는 원심성 신경인 운동 신경과 구심성 신경인 지각 신경의 기능을 향상시킬 뿐만 아니라 교감 신경과 부교감 신경을 포함한 자율 신경을 안정시키는 효과가 있습니다.

2

초보자도 쉽게 배우는 요가와 호흡

호흡법, 의식적 훈련으로 익히기

호흡법은 동양의 심신 수행 체계에서 가장 중요한 요소이며, 호흡이야말로 기수신(修身) 수행법의 기본이라고 할 만합니다. 단전 호흡과 마찬가지로, 부단한 노력을 통해 동작과 맞추거나 의식의 흐름을 조율하는 '의식적인 호흡'이므로, 익숙해지기 전까지는 의식을 호흡에 맞추어 훈련을 하는 것이 좋습니다.

깊이 있게 수련하면 호흡법의 깊이를 느낌

호흡의 종류에는 크게 가슴으로 숨쉬는 호흡법(흉식 호흡법)과 배로 숨쉬는 호흡법(복식 호흡법)으로 나눌 수 있습니다. 유명한 단전 호흡 또한 그 기본은 복식 호흡입니다. 요가에서는 차크라(신체 내부의 기를 쌓는 장소)에 의식을 집중시켜 배로 숨쉬는 것을 기본으로 합니다. 호흡은 요가 뿐만 아니라 선도(仙道)나 기공(氣功) 같은 다른 수행 체계에서도 중요시되는 요소입니다. 호흡은 우리가 생명을 유지하는 데에 꼭 필요한 행위 중의 하나로, 호흡법 한 가지만으로도 건강을 유지할 수 있습니다. 요가를 깊이 있게 수행하면 할수록 제대로 된 호흡법을 통하지 않고서는 성과, 즉 공(功)을 이루기 힘듭니다. 그래서인지 전통 요가 가운데 육체적 요가의 대표 주자인 하타 요가와 라자 요가에서는 이를 아주 중요하게 여겨왔습니다. 명상을 할 경우에도 올바른 호흡법은 필요합니다. 그렇다고 해서 호흡법이 그렇게 거창한 것은 아닙니다. 단지 숨쉬는 사소한 행위로 심신을 좀더 쉽게 컨트롤할 수 있기 때문에 필요하다는 것입니다.

요가의 기(氣), 호흡을 함께하면 내 것

요가에서 말하는 기(氣)는 일정한 형태가 없지만, 수행을 거듭해 나가면 이것의 존재를 스스로 깨닫게 됩니다. 마치 기공이나 단전 호흡에서 호흡법을 하다가 어느날 문득 기(氣)를 실감하는 것과 같습니다. 인도 요가에서는 전통적으로 몸 안에 72,000개의 기운의 통로가 있다고 하여 이를 중요하게 여겼습니다. 다시 말하면 기운의 통로란, 동양 의학에서 말하는 일종의 경락(經絡 : 동양 의학에서의 생체 에너지의 통로로 12개 정경과 기경 팔맥이 있음.)과 같은 것이라고 할 수 있습니다. 결론적으로 말하면, 요가 수련과 함께 호흡 수련을 생활화함으로써 기(프라나)를 우리 삶 속에 끌어들일 수 있다는 것입니다.

표로 보는 쉬운 요가 호흡

호흡	호흡 구분	다른 명칭	해설
일반 호흡	흉식 호흡(胸式呼吸)	가슴 호흡	자연스러운 호흡이기 때문에 자연 호흡이라고도 함
	흡기식(吸氣息)	들숨	들이마시는 숨
	배기식(排氣息)	날숨, 호기식	내뱉는 숨
심층 호흡	심 호흡(深呼吸)	깊은 호흡	보통 심 호흡은 흉식 호흡의 확장판인 경우가 많음
			스트레스 해소 및 산소 흡입량 증대, 주의 환기 효과를 위해 사용
	복식 호흡(腹式呼吸)	배 호흡	가슴이 아닌 배를 이용한 호흡
			스트레스 해소 및 정신의 정화를 위해 사용
	단전 호흡(丹田呼吸)	아랫배 호흡	단전 부위(배꼽 이하 3치)에 의념을 모으고 복식 호흡
			스트레스 해소 및 정신의 정화를 위해 사용
특수 호흡	태식(胎息)	긴 깊은 호흡	1단계 : 코 앞의 깃털이 날아가지 않을 정도의 가늘고 긴 호흡
			2단계 : 태아처럼 온몸 호흡(전신 호흡)을 한다는 이미지를 가지고 호흡
			정신을 가다듬기 위해 명상과 함께 사용
	지식(止息)	멈춤 호흡	인도 요가에서는 '쿰바카' 라고도 함.
			주로 호흡을 고르기 위해 사용 - 심신 허약자는 너무 길게 훈련하지 말 것
	계단 호흡(階段呼吸)	점층적 호흡	계단을 오르듯 점층적으로 하는 호흡
			1단계 : 흡 - 호
			2단계 : 흡, 흡 - 호, 호
			N단계 : 흡×N회 - 호×N회
			호흡의 균형과 폐와 피부 기능 강화를 위해 사용
	풀무 호흡	강제 호흡	병기(病氣)나 사기(邪氣) 등 나쁜 기운이나 폐 안에 있는 잔기(殘氣)의 강제 배출을 위해 사용

3 요가 운동의 4가지 핵심 원리

요가도 하나의 운동이므로 요가를 할 때에 기본이 되는 운동 원리에 맞추어 수행을 하지 않으면 효과를 기대할 수 없습니다. 다이내믹 요가처럼 동적(動的)인 요가도 있기는 하지만, 대체로 요가는 특정 자세를 유지하는 동작이 많기 때문에 보통 정적(靜的)인 운동이라고 할 수 있습니다.

한 동작을 완성하고 유지하기 위해서는 반드시 근력(筋力)이 필요하며, 이러한 동작이 익숙해지는 과정에서 유산소 운동이 일어나게 됩니다. 요가에 대한 이해가 부족한 분들은 요가를 '스트레칭 운동' 정도로 인식하고 있지만, 스트레칭은 근력을 요하는 경우가 거의 없습니다. 요가에서는 스트레칭처럼 몸을 늘리기도 하지만, 자신의 체중을 이용하여 완성된 동작으로 버티고 있어야 하는 것이 많기 때문에 결코 쉽다고는 할 수 없습니다. 어차피 본인의 선택에 의한 것이기는 하지만, 어려움을 알면서도 장기적인 수련을 하시는 분들은 다른 운동하는 분들처럼 존중받아 마땅합니다.

열심히 하기는 하지만, 요가 운동이 잘 늘지 않는 분들이 일부 있는데 요가를 효율적으로 하려면 다음 4가지 운동 원리에 맞게 수행하는 것이 좋습니다.

첫째, 점진성의 원리

체력은 마치 계단을 올라가듯이 차츰차츰 향상됩니다. 그러므로 자신의 체력이 향상되는 정도에 따라서 운동 강도를 맞추어 실시하는 것이 바람직합니다. 체력은 보통 힘든 완성 동작을 지탱해 내는 데에 많이 이용되는데, 점진적으로 시간을 늘리거나 몸의 각도를 점차 증가시키는 방법으로 발전시킬 수 있습니다.

둘째, 과부하의 원리

체력을 향상시키려면 일상생활에서 받는 운동 자극보다 더 강한 자극을 필요로 합니다. 적정치 이하의 가벼운 무게를 이용한 근력 운동은 그 효과가 약할 수밖에 없는 것처럼 특정의 자세 동작에서 나날이 부하(강도)를 늘려 좀 더 큰 동작(또는 각도)을 취하면, 더 나은 발전을 기대할 수 있습니다.

셋째, 반복성의 원리

우리 몸의 건강과 기능을 향상 발전시키기 위해서는 늘 계획적이고 규칙적이며, 반복적으로 운동을 해야 합니다. 운동을 불규칙으로 하면 건강해지기는커녕 몸살이 나는 경우를 보더라도 일상적인 운동이 얼마나 중요한지를 짐작할 수 있습니다.

넷째, 개별성의 원리

한의학에서는 사람마다 체질이 다르다고 합니다. 마찬가지로 신체의 특성도 개인차가 있습니다. 사람의 얼굴이 제각각 다르듯이, 감당할 수 있는 운동 자극의 수준이나 피해야 할 동작도 따로 있게 마련입니다. 자신의 체형이나 체력 수준에 맞추어 체위나 행법을 정한 다음, 나름대로 체력이나 유연성에 맞게 훈련을 해야만 그 효과를 기대할 수 있습니다.

진지한 자세로 수련한다.

겸허한 자세로 수련하고 장난스럽게 수련하지 말 것을 권고드립니다. 요가는 노동이 아닙니다. 귀찮거나 하기 싫다면 안 하면 그뿐입니다. 그러나 일단 수련하기로 한 이상 장난스럽게 하기보다는 진지한 마음의 자세를 가지고 수련하는 자세가 필요합니다. 장난스럽게 수련하다 보면 신체적 상해를 입기도 쉽습니다. 요가는 누군가와 경쟁하기 위한 운동은 아닙니다. 어제의 나, 십분 전의 나를 돌이켜 보며 내 자신을 갈고 닦는다는 진지한 마음 자세가 보다 안전한 수련을 가능하게 합니다.

자신의 나이와 신체적 상태를 고려한다.

요가는 자신의 나이를 고려하여 임하는 것이 좋습니다. 연령을 고려하지 않고 너무 무리한 수련을 해서는 안 됩니다. 유연성이 부족한 사람이 충분한 준비 없이 과도하게 몸을 젖히는 동작을 갑자기 시도하는 것은 옳지 못한 태도이며, 근력이 부족한 사람이 굉장히 힘이 드는 동작은 오랜 시간동안 시도하는 것도 좋지 않습니다.

유연성이 따라주지 않는다고 반동을 사용하는 것은 금한다.

'과유불급(過猶不及)' 이라는 말이 있습니다. 넘치는 것은 부족한 것만 못하다는 말입니다. 유연성이 부족한 신체를 가진 경우, 화려한 동작을 못할 수 있습니다. 요가는 경쟁용 운동도, 과시용 운동도 아닙니다. 유연성이 안 받쳐주면 그 상태 그대로 성실하게 조금만 나아가야 합니다.

매일 수련할 수 있을 정도로 체력을 안배한다.

요가를 육체적인 측면에서 접근하는 사람들은 많은 요가 자세를 수행하면 효과가 클 것이라고 생각하지만, 요가는 다른 어떤 운동보다 꾸준함과 성실함이 요구되는 운동입니다. 하루에 많이 수련하고 병을 얻어 몇 날, 몇 주를 쉬는 것보다는 조금씩이라도 날마다 수련하는 것이 좋습니다. 이것이 가능하려면 자신의 체력 수준에 맞추어 수련하는 습관을 가지는 것이 좋습니다. 남들과 다른 자신의 체력 수준을 고려하여 적정선에서 수련하는 것이 좋습니다. 과도한 의욕으로 무리를 하게 되면 매일 수련할 수 없게 되며, 효과가 축적 될 수 없습니다. 언젠가 목돈을 쓰기 위해서는 성실하게 저축을 하는 것이 현명한 태도겠지요.

4 안전한 수련을 위한 4가지 조언

효과적인 요가를 위한 9가지 조언

5

수행 방법의 가짓수를 줄여라

수행 방법이 너무 많으면 오히려 실천하기가 힘듭니다. 처음 요가를 접한 분들이 날마다 많은 수의 요가 동작을 무리해서 진행하는 경우를 많이 보는데, 오히려 오랫동안 수련할 생각이라면 체위의 숫자를 줄이는 것이 좋습니다. 수행 방법의 수를 줄이면 자주 반복할 수 있게 되어, 많은 수의 체위를 이용하는 것보다 깊이 있는 수행을 할 수 있습니다. 몇 십년씩 수행하는 인도 요가도 체위를 몇 개 밖에 알지 못하는 사실만 떠올려 보더라도 체위를 너무 많이 아는 것 자체가 요가 수행에 걸림돌이 될 수도 있다는 사실을 염두에 두어야 합니다.

반복해서 행하라

'반복은 힘이다.' 라는 금언이 있습니다. 요가가 일상생활의 한 부분으로 자리잡으려면 반복하여 행하지 않으면 안 됩니다. 반복함으로써 힘이 생기고, 반복함으로써 경력과 경륜이 쌓이게 되는 것입니다.

배고플 때 수행하지 말라

피트니스 요가는 고행(苦行)이 아닙니다. 특별한 목적이 없는 한 배고플 때에 수행하지 않는 것을 원칙으로 합니다. 배고플 때에는 요가 한 동작보다 한 조각의 빵이 더 사람에게 보탬이 됩니다. 또, 지나치게 배고플 때의 수행은 의식을 하나로 모으는 데에 방해가 되기 때문에 효율성도 떨어집니다.

수행 전후에 성 관계를 갖지 말라

수행 전후에 성 관계를 하면 에너지가 고갈되어 힘이 들 수 있습니다. 특히, 수행 전 성 관계는 어지럼증을 불러일으키기 쉽습니다. 성 관계 후에는 오히려 기분 좋은 수면이 요가보다 더 도움이 될 수 있습니다.

생리 중에 수행하지 말라

생리를 할 때에는 몸의 생체 리듬이 흐트러지기 쉽습니다. 굳이 말한다면 기운이 방출되고 있는 셈입니다. 기공, 단전 호흡 등과 마찬가지로 특별한 목적이 있지 않는 한, 생리 중에 수행하지 않는 것이 좋습니다. 굳이 수행을 해야 한다면 의식을 아랫배 쪽에 모으기보다는 중단전(흉골) 부위나 미간, 정수리 부분에 모으는 것이 좋습니다.

수행이 끝난 후 심하게 움직이지 말라

다른 운동을 하기 전에 워밍업 운동으로 피트니스 요가를 한 경우가 아니라 피트니스 요가 자체를 목적으로 한 경우에는 수행이 끝난 후에 격렬하게 몸을 움직이는 행동을 삼가는 것이 좋습니다. 요가는 힘을 길러 주는 정적(靜的)인 운동이기도 하지만, 반면에 신경과 정신을 진정시키는 작용이 있기 때문에 요가 수행 후에 격렬한 운동을 하면 요가로 닦은 공(功)이 전부 사라지는 결과를 초래합니다.

좋은 수행 장소를 찾아라

요가는 다른 운동에 비해 장소에 크게 구애받지 않지만 냄새가 심하게 나는 곳은 집중을 방해하므로 피하는 것이 좋습니다. 향기가 너무 강한 곳 또한 집중에 방해가 됩니다. 쾌적한 환경이나 향기가 나는 곳이 좋음은 말할 것도 없습니다. 또한 성스러운 분위기가 나는 장소에서 수행을 하면 좋은 기운의 영향을 받을 수 있어서 더욱 좋습니다.

가장 좋은 수행 시간을 맞춰라

무엇보다 시간에 구애받지 않고 수행할 수 있는 것이 피트니스 요가의 특징이기는 하지만 개인적으로 가장 좋은 수행 시간을 확보해 두고 일상적으로 수행하는 것이 좋습니다. 참고로, 인도 전통 요가에서는 해뜰 때, 해질 때, 정오, 자정이 수행 시간으로 가장 좋다고 말하고 있습니다.

피부를 많이 노출시켜라

인도 전통 요가에 따르면 팬티만 입고 수행을 하거나, 할 수 있다면 아무 것도 입지 않고 수행하는 것이 좋다고 합니다. 그것은 풍욕(風浴)—몸을 열어 외부의 바람을 쐬어 정체된 기운을 순환시키고, 사기(邪氣, 나쁜 기운)를 떨쳐 내는 것—의 효과가 있기 때문입니다. 우리 몸은 일상생활에서 많은 나쁜 기운(邪氣)에 노출되어 있으므로, 나무의 기운, 음 이온 등과 같은 좋은 기운과 교류하고자 합니다. 혼자만 있는 공간이라면, 나신(裸身) 수행을 시도해 보는 것도 좋습니다.

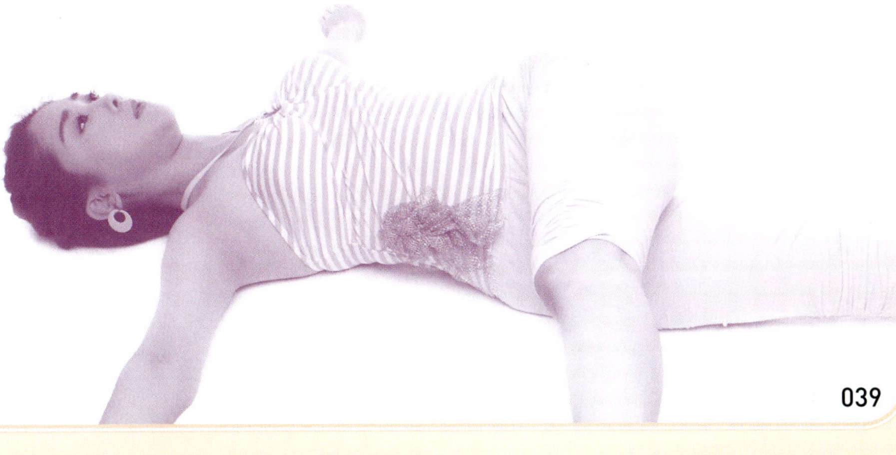

모든 요가의 준비 단계, 명상 좌법

명상 요가 좌법은 호흡법과 함께 할 때 시너지 효과가 있습니다. 단독으로도 쓰일 수 있으나, 보통 요가(육체적 요가)의 처음 부분에 활용하며 본격적인 요가 수련 전에 몸과 마음의 긴장을 풀어 이완시키고, 일상생활에서 흥분된 신경을 진정시켜 질 좋은 요가 수련이 될 수 있도록 준비하는 목적으로 활용됩니다. 물론, 명상 요가 좌법 자세만으로 명상 요가를 해야 한다는 법은 없습니다만, 좌법은 그 특성상 명상을 전제한 것입니다. 기타의 요가 동작 후에 자세를 완성시켜 놓고 명상 상태로 돌입해도 무방합니다.

하지만, 초심자의 입장에서는 자세를 유지하기 힘든, 난이도 높은 요가 자세로 명상을 하는 것보다

좀 더 쉬운 좌법(앉은 자세)의 상태에서 명상을 하는 것이 훨씬 손쉬울 것이며, 긴 시간의 명상일수록 명상 좌법이 더 안정적임은 두말 할 나위가 없습니다

명상 좌법 자세

호흡 요령 기본 호흡은 자연호흡으로서 심호흡이나 태식을 해주면 됩니다.

수련 시간 및 횟수 5분~1시간 이내, 횟수는 크게 의미가 없습니다.

동작 설명

1 | 모든 요가의 완성 자세에서 명상 수련이 가능합니다. 중심력을 기르는 자세에서도 눈을 감고 짧은 명상을 하면서 영감을 기르고 집중력을 강화할 수 있습니다.

2 | 호흡 부분을 충분히 숙지한 다음, 명상 좌법을 해 주면 더욱 좋습니다.

효과

1 | 요가의 기본 동작으로, 스트레스를 해소하고 심신 수련에 도움을 줍니다.

2 | 명상과 호흡법을 기반으로 바른 자세를 만들어 줍니다.

3 | 척추를 바르게 하여 피부를 맑게 하고 등을 아름답게 만들어 줍니다.

6 요가의 시작 명상 자세

동작 따라하기 1 – 연화 좌법

호흡 요령 기본적으로는 자연호흡으로서 심호흡이나 태식을 해주면 됩니다.

수련 시간 및 횟수 5분~1시간 이내, 횟수는 크게 의미가 없습니다.

동작팁

1 | 모든 요가의 완성 자세에서 명상 수련이 가능합니다. 중심력을 기르는 자세에서도 눈을 감고 짧은 명상을 하면서 영감을 기르고 집중력을 강화할 수 있습니다.

2 | 호흡 부분을 충분히 숙지한 다음, 명상 좌법을 행하면 더욱 좋습니다.

효과

1 | 요가의 기본 동작으로, 스트레스를 해소하고 심신 수련에 도움을 줍니다.

2 | 명상과 호흡법을 기반으로 바른 자세를 만들어 줍니다.

3 | 척추를 바르게 하여 피부를 맑게 하고 등을 아름답게 만들어 줍니다.

동작 따라하기 2 – 반 책상다리

동작 설명

1 | 한 다리를 반대쪽 허벅지에 올려놓은(반가부좌 자세) 다음, 허리를 세워 줍니다.

2 | 엄지손가락와 검지손가락을 동그랗게 만들어 붙이고, 나머지 세 손가락을 펼칩니다.

3 | 눈을 감고 깊은 호흡을 합니다.

4 | 자세가 완성되면, 호흡과 명상을 병행해 줍니다.

5 | 눈을 가볍게 감은 상태에서 수련하면, 몸과 마음을 조화시킬 수 있어 더욱 좋습니다.

호흡 요령 명상 좌법 부분과 관련하여 여러 가지 방식의 호흡을 이용할 수 있습니다. '초보자도 쉽게 배우는 요가와 호흡' 부분을 따로 참조하시길 바랍니다.

주의

1 | 음주 후에는 기가 불안정해지므로 수련하지 않는 것이 좋습니다. 불면증의 경우에는 수련하여도 무방합니다.

2 | 바닥에 엉덩이가 직접적으로 닿는 것보다는 엉덩이를 약간 뒤로 내밀어 엉덩이를 바닥에서 약간 들어 올리는 듯한 자세를 취하는 것이 좋습니다.

3 | 편중된 자세로 한 쪽만 수행하는 것보다 다리를 바꾸어 수행하는 것이 좋습니다.

4 | 나머지는 일반적인 요가의 주의 사항들과 같습니다.

동작 따라하기 3 - 책상다리 좌법

동작 설명

1 | 책상다리 모양을 만듭니다.

2 | 무릎 위에 양 손을 가볍게 올려놓습니다.

3 | 의식을 코 끝, 인당(양 미간의 중앙 부분), 인중(코 밑 홈의 중앙 부분), 단중(양 유두를 이은 연장선의 중앙 부분) 중의 한 곳에 모으고, 호흡에 맞추어 명상에 들어갑니다.

4 | 눈을 감고 호흡을 진정시킨 다음, 명상을 시작합니다.

5 | 자세를 고정시킨 후 호흡과 명상을 병행합니다.

동작 따라하기 4 - 소머리 좌법

동작 설명

1 | 한 다리를 반대쪽 다리 위에 깊게 올려놓습니다.

2 | 무릎을 바짝 잡아당겨 양 무릎을 몸의 중심에 맞춥니다.

3 | 무릎 위에 손깍지를 껴서 올려놓은 후, 눈을 감고 호흡을 유지합니다.

4 | 자세를 고정한 후, 호흡과 명상을 병행합니다.

7

요가의 마무리 시체 자세

시체 자세

시체 자세는 가장 대표적인 휴식 체위로 거의 모든 요가 동작의 마지막에 활용하는 자세입니다. 불면증이나 다몽증(꿈을 많이 꾸는 수면 장애) 등과 같은 수면 장애 시 시체자세를 자주 수련해 주면 몸과 마음을 안정시키고 정화시켜 증상이 호전됩니다.

시체 자세의 기본 두 가지

동작 설명

1 | 자연스럽게 누운 상태에서 다리를 어깨 넓이로 벌린 다음, 팔을 위로 편 자세입니다.

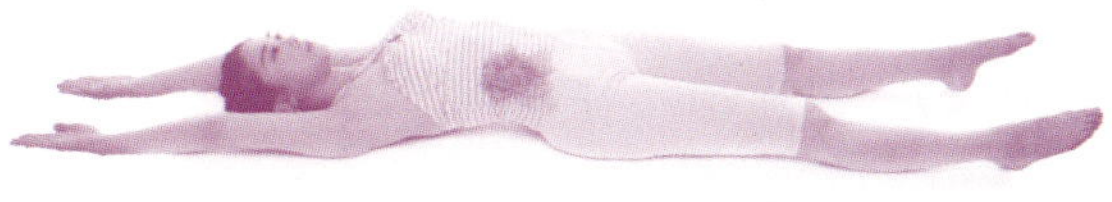

2 | 자연스럽게 누운 상태에서 다리를 어깨 넓이로 벌린 다음, 팔을 아래로 내린 자세입니다.

활용 시체 자세는 거의 모든 휴식 자세의 기본으로, 명상 시에 사용할 수 있는 가장 편하고, 쉬우며, 활용도가 높은 자세입니다.

송규성과 함께하는 요가 칼럼 1

성(性)과 요가

종족 보존을 위한 섹스

섹스는 동물적인 본능이자 종족을 보존하기 위한 행위이기도 합니다. 즉, 종족을 개체라고 생각하는 관점에서 보면, 섹스는 '종족이라는 개체의 생명 유지 행위' 라고 할 수 있습니다. 아무리 개화된 동물의 전형을 보여 주는 인류라고 할지라도 섹스로부터 자유로울 수 없습니다. 발정기(發情期)라는 정해진 기간 동안 종족 번식을 위한 수단으로 섹스를 하는 동물의 경우와 달리, 인간에게는 발정기가 따로 정해져 있지 않습니다. 바꾸어 말하면, 인간은 언제나 발정기일 수 있습니다. 또, 인간에게 섹스는 문화적 행위이기도 하여, 종족 번식 외에 친밀성을 확인하는 행위나 욕구의 해소 수단이 되기도 합니다.

문화적 존재로서의 자부심을 가지고 있는 오만한 인간을 '털없는 원숭이' 에 빗대어 저술한, 데스먼드 모리스는 그의 저작 '털없는 원숭이(THE NAKED APE)' 에서 인간의 동물적 본능과 행동을 낱낱이 해부하여, 잔잔한 파장을 일으킨 바 있습니다. 어쨌거나, 섹스를 '종족의 유전자를 후세에 잇는 생명 복제 행위' 라고 생각한다면, 섹스는 단지 부끄럽거나 감추어야 할 그 무엇이 아니라, 숭고하고도 중요한 행위에 가까울 것입니다. 이런 깊은 의미에 연유하여 요가나 동양의 도가(道家) 사상에서도 이것의 중요함과 의미를 다각도로 탐구하여 왔습니다.

생명의 에너지인 섹스

심리학의 아버지로 불리는 19세기 오스트리아의 저명한 의사, 지그문트 프로이트는 섹스 에너지인 '리비도' 를 '생명(生命)의 원초적 에너지' 로 갈파한 적 있습니다만, 성 능력을 원초적 생명 에너지이자 신(神)과 교류할 수 있는 통로로 보는 시각은 몇천 년의 역사를 가지고 있는 한·중·일의 동양 사상과 인도 전통 사상(요가를 포함한)이 훨씬 앞서 있다고 할 수 있습니다. 요가에서는 섹스의 의미를, 하나의 유파를 따로 이룰 만큼 무겁게 생각해 왔습니다. 일반인에게는 섹스 요가 정도로 생각되고 있는 '탄트라 요가' 에서는 섹스를 장려할 것이라는 일반인의 인식과는 달리, 함부로 사정하지 말 것을 강조하고 있습니다. 요가를 통해 성 능력이 강화되는 것은 사실이지만, 사정을 남발하는 행위는 곧 정신력의 고갈을 의미하며, 이를 쿤달리니(척추의 아랫부분에 잠재된 생체 에너지)의 상승을 방해하는 주원인으로 규정짓고 있습니다. 다시 말해, 요가의 수행이나 도가 사상(선도)에서는 수행의 방편으로 섹스를 이야기하고 있지만, 섹스 자체가 목적이 되는 것은 바람직하지 않다고 보고 있는 것입니다. 그런 면에서 생각하면 고대인들의 섹스관은 오히려 문명과 문화가 발달한 현대인에 비해서 훨씬 보수적이었다고 할 수 있습니다.

요가를 통한 성 능력 향상

도가 수련이나 기공 등과 마찬가지로 요가를 통해 성 능력이 개발되는 이유는 요가가 체위 수련을 통해 일상생활에서 사용되지 않는 신경과 근육 등을 훈련시키고, 명상과 호흡법 등을 통해 내력(內力)을 증진시키며, 정신력 조절 훈련을 통해 자신의 신체를 활용하고 조절하는 능력이 탁월해지는 까닭입니다. 성 능력은 원초적 생명력의 증거로 평가되기 때문에, 요가를 통해 성 능력이 향상되는 것은 원초적 생명력이 향상되는 것을 증거한다고 보는 것입니다. 결국 장수와 함께 건강을 기원하는 현대인에게 있어 요가 수련은 삶의 질을 향상시키는 또 하나의 선물인 셈입니다.

성에 좋은 요가 동작들

메뚜기 자세

활 자세

날기 자세

골반들기 자세

골반 정리 자세

낙타 자세

독수리 자세

Part 1

세시한 가슴을 만들어 주는

뷰티 요가

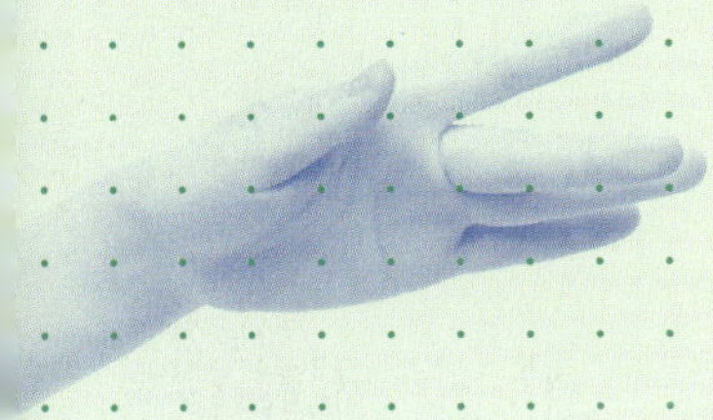

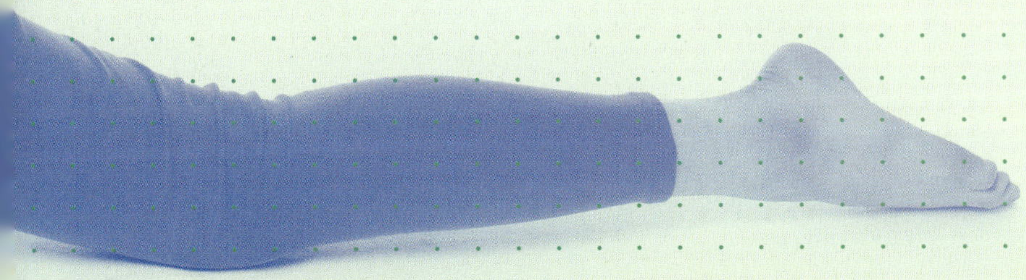

예쁜 가슴을 위한 5분 요가

예쁜 가슴을 위해 하루 딱 5분만 투자해 보세요. 다음 자세를 꾸준히 반복하다 보면, 위 경락이 지나는 길에 있는 유선이 발달하여 가슴이 탄력 있고 풍만해질 뿐만 아니라 등 또한 곧게 펴지기 때문에 가슴의 혈액 순환에도 매우 효과적입니다.

5 Minutes

요가 동작을 시작하기 전에 몸을 충분히 풀어 주세요.

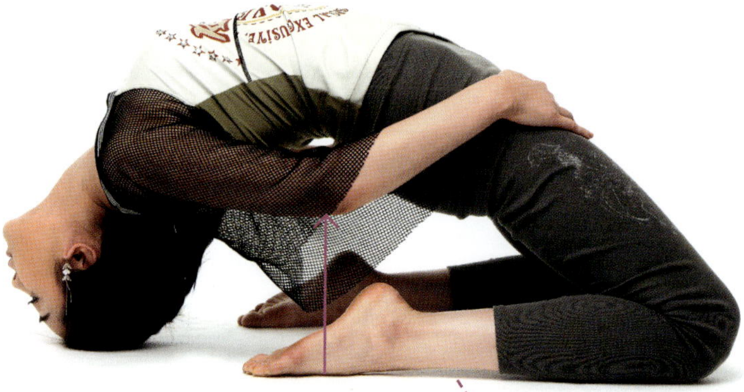

마개뽑이 자세

추천 수련 시간 : 1분

휴식 시간 : 약 20초

허리를 최대한 들어올려 주세요.

소화 촉진 자세

추천 수련 시간 : 1분

휴식 시간 : 약 20초

팔과 다리를 고정시켜 주세요.

추천 수련 시간 : 1분

휴식 시간 : 약 20초

가슴을 최대한 들어올려 주세요.

추천 수련 시간 : 1분

가슴을 최대한 들어올리는 것이 좋으며 각도에 유의하세요.

동작이 끝난 후에는 '시체 자세' 를 이용하여 휴식을 취해 주세요.

5분 프로그램 팁

1. 5분을 1세트로 하여 하루 3회 정도 수련하면, 좋은 효과를 거둘 수 있습니다.
2. 가능한 한 중간 과정의 자세보다는 최종 완성 자세에 더 많은 시간을 할애하는 것이 좋습니다.
3. 자세가 비교적 단순하므로, 정확한 자세를 유지하는 것이 좋습니다.

날씬한 목과 풍만한 가슴을 위한

누운 영웅 자세

뷰티 날씬한 목과 풍만한 가슴을 만들어 주는 요가 **힐링** 혈액 순환을 촉진하여 냉증과 수면 장애에 좋은 요가

수련 시간 : 2~10분 이내 **적당한 횟수** : 2회 정도 이내
동작 팁 : 1~3분 휴식 시간을 두고 '수련-휴식-수련'

효과
❶ 혈액 순환이 원활해지기 때문에 숙면을 취하지 못하거나 손과 발이 차가운 사람에게 효과적입니다.
❷ 신체의 불균형을 잡아 주어 피로와 스트레스를 풀어 줍니다.
❸ 목을 날씬하게 해 주고, 작은 가슴을 풍만하게 만들어 줍니다.

1

결가부좌 자세로 앉아 몸을 젖히고
팔을 뒤로 한 다음,
팔꿈치 부분으로 몸을 지탱하며 눕습니다.

2

머리를 뒤로 젖혀 바닥에 고정하고
팔꿈치로 몸의 중심을 유지한 다음,
손으로 양쪽 발끝을 잡습니다.

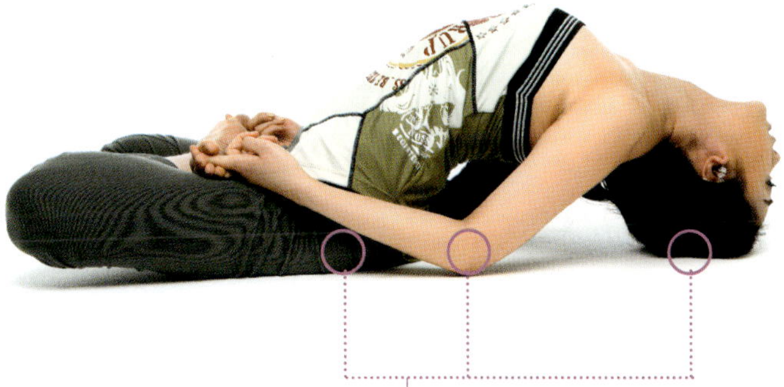

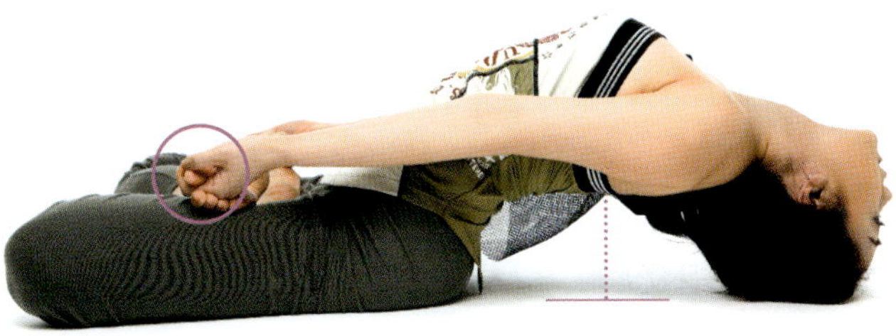

3

자세가 완성되면, 팔꿈치를 떼면서
가슴을 최대한 위로 들어올립니다.

조심하세요

고혈압 환자는 너무 오랫동안 수련하지 않는 것이 좋습니다.

호흡 요령

❶ 요가 시작 전, 3~5회의 심호흡 ❷ 동작 시작 직전, 입으로 숨을 내쉼.(날숨) ❸ 머리와 하체로 자세를 유지하며, 가슴을 내밀면서 코로 숨을 들이마심.(들숨) ❹ 동작 완성 후, 약 30초~1분 정도 숨을 멈춤.(지식) ❺ 동작 완성 후, 일정 시간 지속하려면 자연 호흡(가능하면 태식 추천)으로 돌아감.

투명한 피부와 가슴을 위한

물고기 자세

뷰티 맑은 피부와 아름다운 가슴을 만들어 주는 요가 **힐링** 집중력 강화에 좋아 학생들에게 추천할 만한 요가

수련 시간 : 1~10분 이내 **적당한 횟수** : 2회 이내
동작 팁 : 1~3분 휴식 시간을 두고 '수련-휴식-수련'

효과
❶ 온몸을 한꺼번에 자극하여 집중력 향상에 도움을 줍니다.
❷ 머리의 백회혈(百會穴)을 자극하여 머리가 무겁거나 두통이 있는 사람에게 좋습니다.
❸ 가슴 근육과 유선을 자극하여 가슴이 풍만해지고 피부가 고와집니다.

1

팔꿈치를 세워 바닥에 누운 후,
고개를 뒤로 젖힙니다.
(이 때, 가슴은 최대한 들어올리고
머리의 윗부분은 바닥을 향합니다.)

2

자세가 안정되면,
다리를 뻗은 상태로 45도 정도 들어올립니다.

3

팔의 전완부를 들어올려
팔을 뻗을 준비를 합니다.

4

팔을 45도 각도로 뻗어 다리와 나란하게 합니다.

조심하세요

고혈압 환자와 척추 질환이 있는 분은 가급적 수련하지 않는 것이 좋습니다.

호흡 요령

❶ 요가 시작 전, 3~5회의 심호흡 ❷ 동작 시작 직전, 입으로 숨을 내쉼.(날숨) ❸ 자세를 유지하며, 가슴을 내밀면서 코로 숨을 들이마심.(들숨) ❹ 동작 완성 후, 약 30초~1분 정도 숨을 멈춤.(지식) ❺ 동작 완성 후, 일정 시간 지속하려면 자연 호흡(가능하면 태식 추천)으로 돌아감. 동작을 모두 마친 후에 심호흡.

처진 가슴과 엉덩이를 탄력 있게

소화 촉진 자세

뷰티 허벅지 앞쪽의 군살을 빼 주고 엉덩이를 탄력 있게 만들어 주는 요가 **힐링** 위를 튼튼하게 하고 소화를 촉진시켜 주는 요가

수련 시간 : 2~20분 이내 **적당한 횟수** : 2회 이내
동작 팁 : 1~3분 휴식 시간을 두고 '수련-휴식-수련'

효과
❶ 위 경락을 자극해 소화 흡수를 촉진하기 때문에 위장 질환의 개선에 효과적입니다.
❷ 신진대사를 촉진시켜 비만과 성인병을 예방할 수 있습니다.
❸ 허벅지 앞쪽의 군살을 빼 주고, 엉덩이를 탄력 있게 만들어 줍니다.

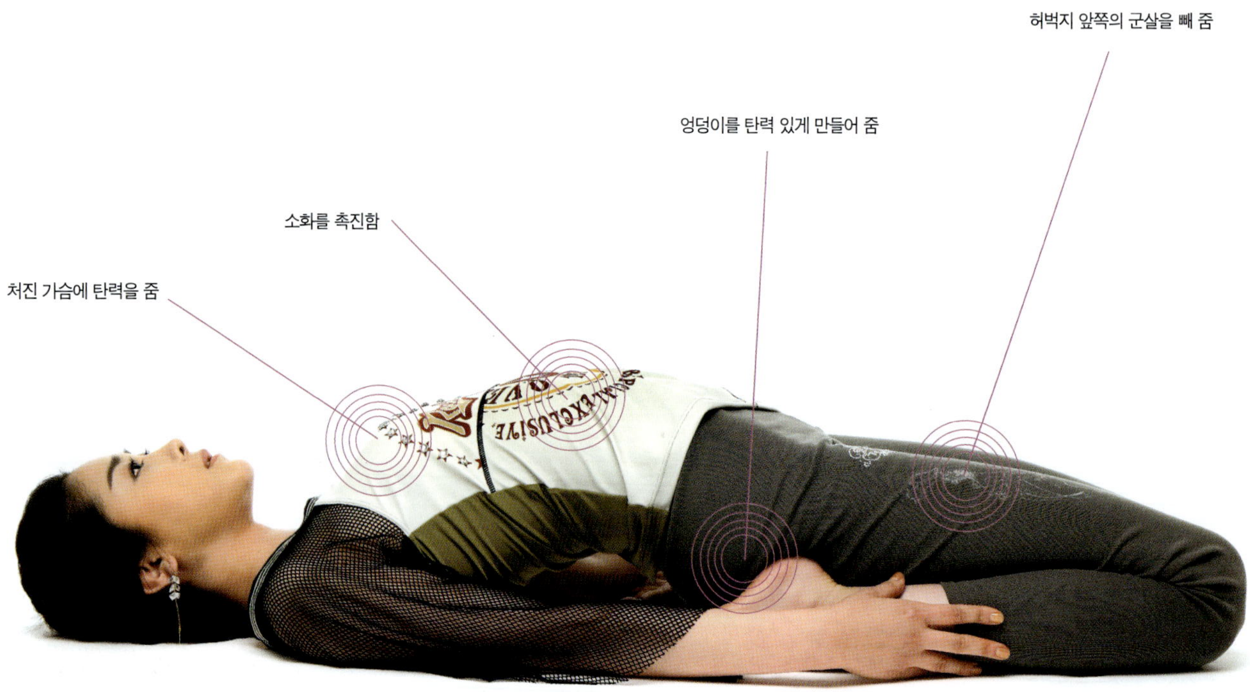

1
다리를 어깨 넓이 정도로 벌린 다음,
무릎을 꿇고 상체를 세웁니다.

2
몸을 뒤로 젖힌 다음, 팔을 뒤로 짚고 바닥에 앉습니다.
이 때, 손끝은 양 발을 향하게 합니다.

3
팔꿈치로 몸을 지탱하며 눕습니다.

4
하늘을 바라보고 누운 다음,
팔을 뻗어 발목 부분에 붙입니다.

조심하세요

요추 과전만 환자는 가급적 수련하지 않는 것이 좋습니다.

❶ 요가 시작 전, 3~5회의 심호흡 ❷ 동작 시작 직전, 입으로 숨을 내쉼.(날숨) ❸ 자세를 유지하며, 가슴을 내밀면서 코로 숨을 들이마심.(들숨) ❹ 동작 완성 후, 약 30초~1분 정도 숨을 멈춤.(지식) ❺ 동작 완성 후, 일정 시간 지속하려면 자연 호흡(가능하면 태식 추천)으로 돌아감.

볼륨 있는 가슴과 엉덩이를 위한
마개뽑이 자세

뷰티 가슴과 엉덩이의 볼륨을 동시에 발달시켜 주는 요가 **힐링** 생리와 소화 기능에 활력을 주는 요가

수련 시간 : 3~10분 이내 **적당한 횟수** : 2회 이내
동작 팁 : 1~3분 휴식 시간을 두고 '수련-휴식-수련'

효과
❶ 여성에게 좋은 자세로, 생리 기능에 도움을 줍니다.
❷ 위 경락을 자극하여 소화에 도움을 주고, 체질을 강하게 만들어 줍니다.
❸ 날씬한 허리와 탄탄한 엉덩이를 만들어 옷맵시를 예쁘게 해 줍니다.

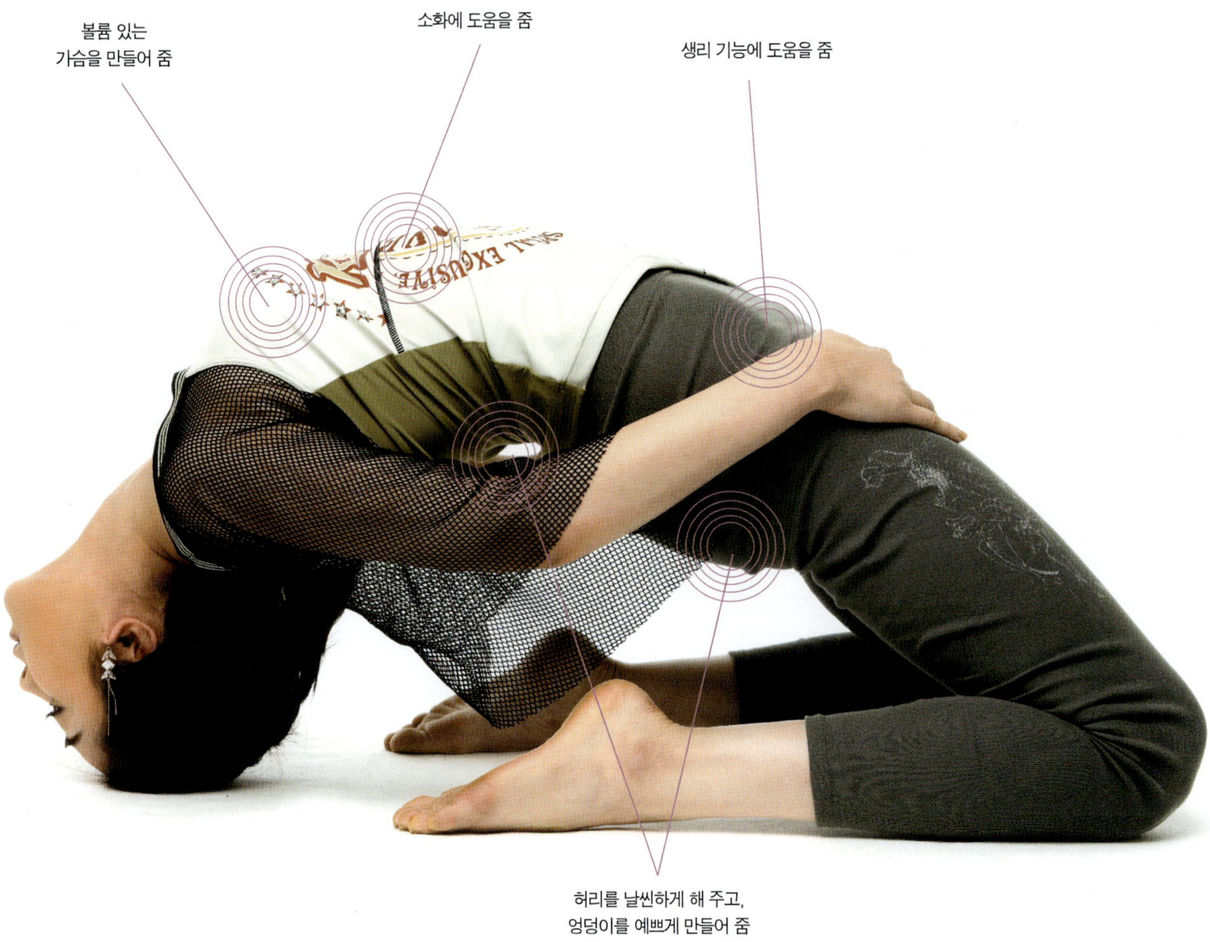

1

무릎을 꿇은 다음, 팔을 뒤로 짚고 바닥에 앉습니다.
이 때, 손끝은 양 발을 향하게 합니다.

2

팔꿈치를 세워 뒤로 눕습니다.

3

어깨를 바닥에 밀착하고, 팔을 뻗어
발목 부분에 차렷하듯 붙입니다.

4

발목을 잡아당겨 몸을 세우고,
머리 부분을 이용하여 자세를 유지한 다음,
서혜부 옆에 손바닥을 붙입니다.

조심하세요

요추 과전만증 환자는 가급적 수련하지 않는 것이 좋습니다.

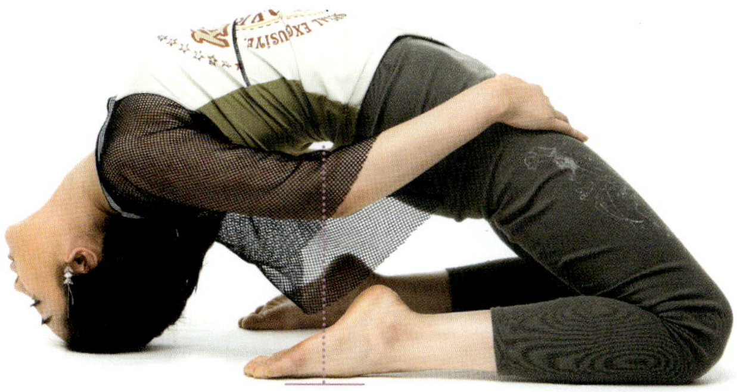

호흡 요령

❶ 요가 시작 전, 3~5회의 심호흡 ❷ 동작 시작 직전, 입으로 숨을 내쉼.(날숨) ❸ 복부와 골반 부분을 올리면서 코로 숨을 들이마심.(들숨) ❹ 동작 완성 후, 약 30초~1분 정도 숨을 멈춤.(지식) ❺ 동작 완성 후, 일정 시간 지속하려면 자연 호흡(가능하면 태식 추천)으로 돌아감.

발레리나의 목을 위한

종달새 자세

뷰티 풍만한 가슴과 발레리나의 목을 만들어 주는 요가 **힐링** 노화를 예방하고 전신을 탄력적으로 유지해 주는 요가

수련 시간 : 2~5분 이내 **적당한 횟수** : 좌, 우 각 약 2회 이내
동작 팁 : 1~3분 휴식 시간을 두고 '수련-휴식-수련'

효과
❶ 가슴 근육을 확장시켜 폐활량을 좋게 하고, 가슴을 풍만하게 만들어 줍니다.
❷ 위 경락을 자극하여 신진대사를 활발하게 해 줍니다.
❸ 턱과 팔을 젖히는 동작을 통해 쇄골 선이 아름다워집니다.

1
무릎을 꿇고 몸을 세워
자연스럽게 앉습니다.

2
한쪽 다리를 뒤로 하여 길게 뻗습니다.

3
팔을 어깨 높이로 올려, 가슴을 최대한 열고
견갑골 쪽으로 젖힙니다.

조심하세요

몸의 유연성을 충분히 고려하여 수련하는 것이 좋습니다.

호흡 요령

❶ 요가 시작 전, 3~5회의 심호흡 ❷ 동작 시작 직전, 입으로 천천히 숨을 내쉼.(날숨) ❸ 동작을 완성해 가면서 코로 숨을 들이마심.(들숨) ❹ 동작 완성 후, 약 30초~1분 정도 숨을 멈춤.(지식) ❺ 동작 완성 후, 일정 시간 지속하려면 자연 호흡(가능하면 태식 추천)으로 돌아감.

가슴과 옆구리 라인을 예쁘게

백로 자세

뷰티 탄력 있는 가슴과 슬림한 옆구리 선을 만들어 주는 요가 **힐링** 오십견, 견비통 등 어깨결림의 예방에 좋은 요가

수련 시간 : 2~5분 이내 **적당한 횟수** : 좌, 우 각 2~3회 이내
동작 팁 : 1~3분 휴식 시간을 두고 '수련-휴식-수련'

효과
❶ 모든 종류의 어깨결림을 예방하고 신진대사를 원활하게 해 줍니다.
❷ 처진 가슴에 자극을 주어 예쁜 가슴을 만드는 데에 도움을 줍니다.
❸ 스트레칭 효과로 다이어트에 좋으며, 특히 허벅지 살이 많은 사람에게 추천합니다.

1
무릎을 꿇고 몸을 세워
자연스럽게 앉습니다.

2
한쪽 다리를 뒤로 길게 빼어 앉습니다.

3
날아오르는 듯한 손 모양으로 가슴을 열고 팔을
젖혀 약 45도~60도 정도로 자세를 완성합니다.

조심하세요

다리를 주기적으로 바꾸어 신체의 왜곡이나 불균형이 생기지 않도록 합니다.

호흡 요령

❶ 요가 시작 전, 3~5회의 심호흡 ❷ 동작 시작 직전, 입으로 천천히 숨을 내쉼.(날숨) ❸ 동작을 완성해 가면서 코를 통해 숨을 들이마심.(들숨) ❹ 동작 완성 후, 약 30초~1분 정도 숨을 멈춤.(지식) ❺ 동작 완성 후, 일정 시간 지속하려면 자연 호흡(가능하면 태식 추천)으로 돌아감.

가슴부터 허리까지 날씬하게

반(半) 활 자세

뷰티 아름다운 S라인을 만들고 싶을 때에 적당한 요가 **힐링** 복부의 나쁜 피 제거와 몸의 유연성에 좋은 요가

수련 시간 : 1~5분 이내 **적당한 횟수** : 좌, 우 각 2회 이내
동작 팁 : 1~3분 휴식 시간을 두고 '수련-휴식-수련'

효과
❶ 척추와 허벅지 앞쪽의 유연성을 동시에 길러 줍니다.
❷ 상행결장, 하행결장을 자극하여 변비 해소에 도움을 줍니다.
❸ 가슴, 복부, 대퇴부, 허리, 팔을 동시에 자극하여 S라인을 만들어 줍니다.

1

옆으로 누워 머리를 팔로 세운 다음,
위쪽의 손을 위쪽의 발을 잡습니다.

2

아래쪽 팔을 펼쳐 바닥에 밀착시키고,
잡은 팔과 발을 당겨 위쪽으로
서서히 들어올립니다.

3

잡은 팔과 다리를 최대한 위쪽으로
들어올립니다.

조심하세요

출산일이 가까운 임산부는 수련하지 않는 것이 좋습니다.

호흡 요령

❶ 요가 시작 전, 3~5회의 심호흡 ❷ 동작 시작 직전, 입으로 천천히 숨을 내쉼.(날숨) ❸ 자세를 완성해 가면서 코로 숨을 들이마심.(들숨) ❹ 동작 완성 후, 약 30초~1분 정도 숨을 멈춤.(지식) ❺ 동작 완성 후, 일정 시간 지속하려면 자연 호흡(가능하면 태식 추천)으로 돌아감.

섹시한 가슴을 위한

누운 활 자세

뷰티 풍만한 가슴을 만들어 주는 요가 **힐링** 고양이 등, 새우 등과 같은 바르지 못한 체형에 좋은 요가

수련 시간 : 2~10분 이내 **적당한 횟수** : 좌, 우 각 2~5회 이내

동작 팁 : 1~3분 휴식 시간을 두고 '수련-휴식-수련'

효과
❶ 등이 굽은 사람과 가슴이 작은 여성에게 좋습니다.
❷ 피로 회복, 다이어트, 몸의 독소 분해에 효과적입니다.
❸ 폐의 건강에 좋으며, '활 자세' 보다 자극이 적어 임산부도 할 수 있습니다.

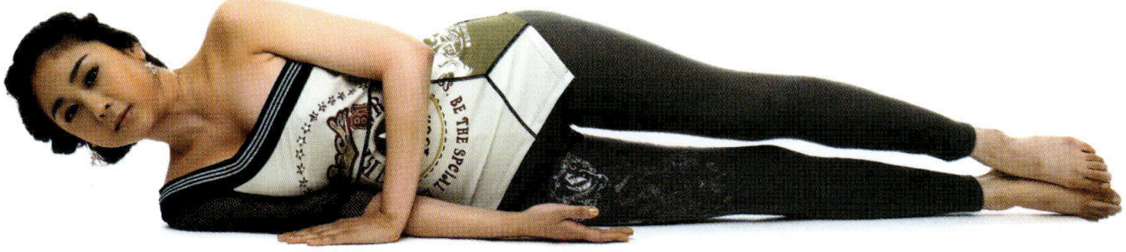

1
자연스럽게 옆으로 누운 다음,
머리를 위로 들어올립니다.

2
양 다리를 무릎에서 접어
엉덩이에 최대한 붙입니다.

3
팔을 뒤로 하여,
양 발을 양 손으로 잡습니다.

발가락을 잡아 당겨 몸을
최대한 뒤로 젖힘

머리를 몸의 정중앙선
높이로 들어 줌

4
고개와 몸을 뒤로 젖히고,
손과 발을 활시위를 당기듯이 동시에 당깁니다.

조심하세요

임신 초기에는 괜찮지만 출산일이 가까운 임산부는 가급적 수련하지 않는 것이 좋습니다.

호흡 요령

❶ 요가 시작 전, 3~5회의 심호흡 ❷ 동작 시작 직전, 입으로 천천히 숨을 내쉼.(날숨) ❸ 동작을 완성해 가면서 코로 숨을 들이마심.(들숨) ❹ 동작 완성 후, 약 30초~1분 정도 숨을 멈춤.(지식) ❺ 동작 완성 후, 일정 시간 지속하려면 자연 호흡(가능하면 태식 추천)으로 돌아감.

작은 가슴의 콤플렉스를 날려 주는

팔깍지 쟁기 자세

뷰티 풍만한 가슴을 만들어 주는 요가 **힐링** 요통과 어깨뭉침을 다스려 주는 요가

수련 시간 : 25분 이내 **적당한 횟수** : 1~3회 이내
동작 팁 : 1~3분 휴식 시간을 두고 '수련-휴식-수련'

효과
❶ 요통이나 좌골신경통의 예방과 치료에 효과적입니다.
❷ 오십견, 견비통, 견배통 등 전반적인 어깨 겨림 증상에 효과적입니다.
❸ 여성을 위한 동작으로, 빈약한 가슴을 풍만하게 하고 하체의 부기를 빼는 데에 좋습니다.

1
바닥에 누워 무릎을 편 상태에서
다리를 들어올립니다.

2
발끝이 엉덩이 부분을 지나면,
골반을 들어올려
발끝이 바닥에 닿도록 합니다.

3
자세가 안정되면,
머리 위로 깍지를 합니다.

조심하세요

안압이 높거나 고혈압인 분은 너무 오랫동안 수련하지 않는 것이 좋습니다.

호흡 요령

❶ 요가 시작 전, 3~5회의 심호흡 ❷ 동작 시작 직전, 코로 숨을 들이마심.(들숨) ❸ 동작을 완성해 가면서 입으로 천천히 숨을 내쉼.(날숨) ❹ 동작 완성 후, 약 30초~1분 정도 숨을 멈춤.(지식) ❺ 동작 완성 후, 일정 시간 지속하려면 자연 호흡(가능하면 태식 추천)으로 돌아감.

큰 가슴의 콤플렉스를 해소해 주는

샴 고양이 자세

뷰티 무겁고 큰 가슴을 축소해 주는 요가 **힐링** 쓸개와 간의 기능을 향상시키고 좌우 골반을 바로잡는 요가

수련 시간 : 30초~1분 이내 **적당한 횟수** : 무릎을 바꾸어 각 2회 이내
동작 팁 : 1~3분 휴식 시간을 두고 '수련-휴식-수련'

효과
❶ 다리를 꼬아 앉는 습관때문에 좌우 골반이 틀어진 사람에게 효과적입니다.
❷ 방광의 기능이 좋지 않은 사람, 몸이 잘 붓는 사람에게 좋습니다.
❸ 여성의 경우, 가슴이 커서 생긴 어깨 결림 증상의 해소에 효과적입니다.
❹ 출산 후 늘어진 옆구리 살을 회복하고, 적당한 크기의 가슴을 만드는 데에 효과적입니다.

1

무릎을 꿇고 앉습니다.

2

무릎을 옆으로 비틀어 포개어 앉습니다.

3

후두부 뒤에서 손깍지를 하고
팔꿈치의 높이를 수평으로 맞춥니다.

조심하세요

몸의 유연성을 충분히 고려하여 수련하는 것이 좋으며,
한쪽으로 편중된 자세이므로 좌우 교차 수련을 하는 것이 좋습니다.

호흡 요령

❶ 요가 시작 전, 3~5회의 심호흡 ❷ 동작 시작 직전, 입으로 천천히 숨을 내쉼.(날숨) ❸ 동작을 완성해 가면서 코를 통해 숨을 들이마심.(들숨) ❹ 동작 완성 후, 약 30초~1분 정도 숨을 멈춤.(지식) ❺ 동작 완성 후, 일정 시간 지속하려면 자연 호흡(가능하면 태식 추천)으로 돌아감.

송규성과 함께하는 요가 칼럼 2

요가의 근본, '역전위 자세'

역전위 자세의 효과

요가는 상체와 하체, 바깥쪽과 안쪽, 앞과 뒤를 서로 바꾸는, 이른바 '역전위(逆轉位) 자세'를 기본으로 하고 있습니다. 역전위 자세는 신체를 평소 사용하는 방식과 반대로 바꾸어 자극을 줌으로써 체액(體液)의 순환을 원활하게 해 줍니다. 이렇게 되면,

1 | 하체에서 상체로의 체액이나 혈액의 환류(還流)가 쉽게 이루어지며,

2 | 평소에 자극을 받지 못해 덜 발달되어 있거나 약화된 조직을 발달시키고,

3 | 일상생활에서의 부정 발달이나 왜곡을 바로 잡을 수 있습니다.

통념상 가장 일반적인 역전위 자세는, '상하가 뒤바뀐 자세'를 꼽을 수 있습니다. 인체의 윗부분(상체)에는 혈액 펌프(심장)가 있지만, 하체에는 없는 까닭에 정맥혈이 하체에 고이기 쉽습니다. 그렇기 때문에 하루 종일 서서 일하는 직업에 종사하는 사람들은 혈액이나 체액이 고여 다리가 굵어지기 쉽습니다.

역전위 자세는 혈액과 체액, 지방의 상하를 바꾸어 주어 인체를 균형 있게 발달시켜 줍니다. 이런 의미에서만 보더라도 역전위 자세는 건강을 위해 충분히 시도할 만한 가치가 있다고 할 것입니다.

역전위 자세의 종류

이 밖에도 역전위 자세에는 '좌우가 바뀌는 역전위', '안팎이 바뀌는 역전위', '전후가 바뀌는 역전위'가 있습니다. 요가가 다소 복잡하게 느껴지는 이유는 좌우, 상하, 전후, 내외의 역전위 요소들이 섞여 있기 때문입니다.

이렇듯 요가는 인체의 평소 자극받지 못했던 곳들을 자극하여 신체를 고르게 발달시켜 주는 운동입니다. 다시 말해 요가는 비틀고, 꼬고, 늘리고, 젖히는 단순하고, 때로는 기이해 보이는 동작들을 통해, 그 나름의 보이지 않는 신체의 음양을 맞추고 있는 것입니다.

다양한 역전위 자세들

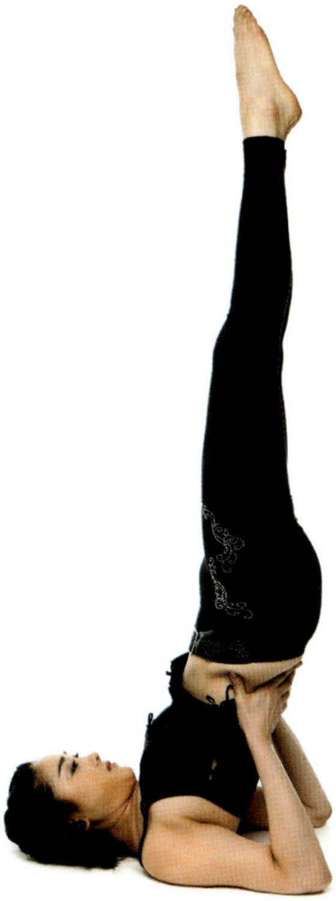

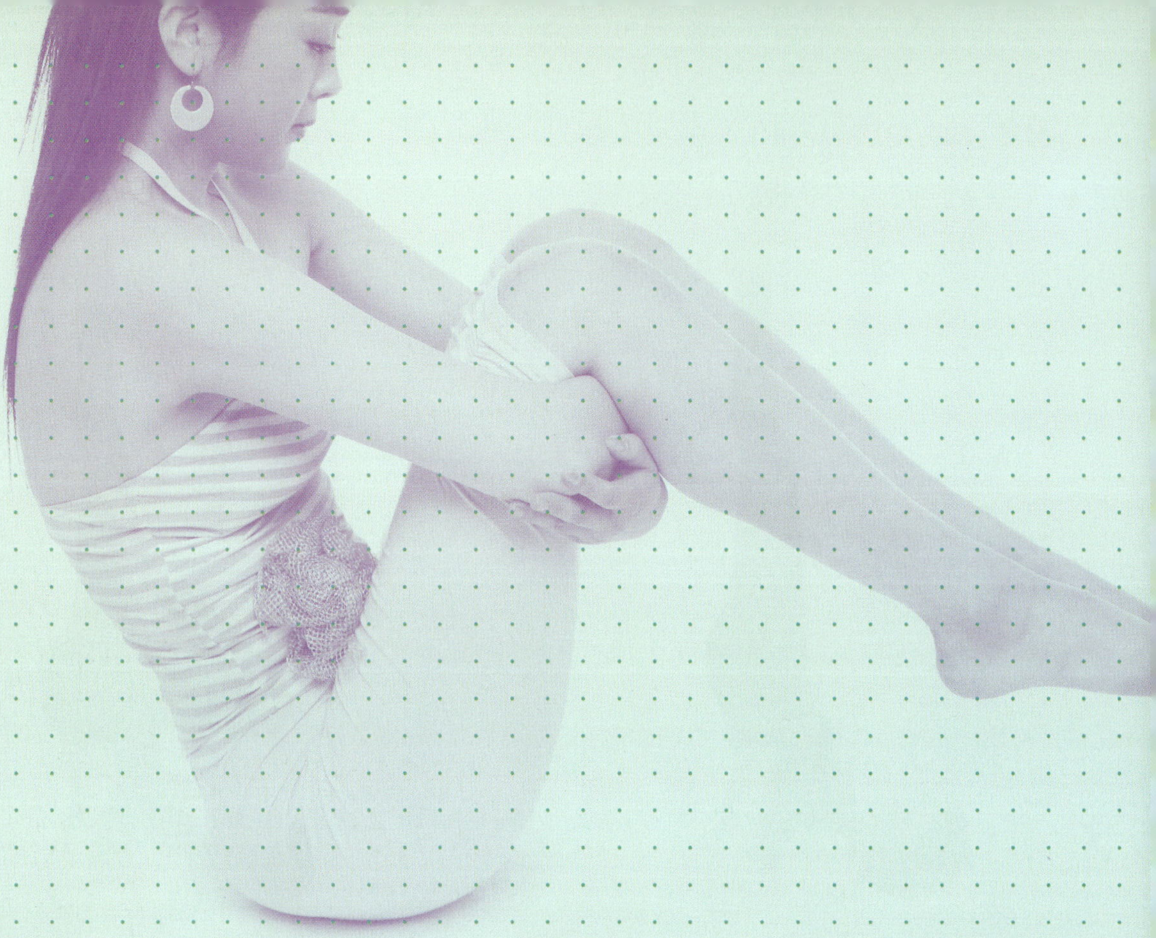

Part 2

이기적인 S라인을 선물하는

뷰티 요가

날씬한 옆구리, 잘록한 허리를 위한 5분 요가

이번 장에서는 옆구리를 자극하는 요가 동작을 배워 보겠습니다. 옆구리를 자극하면 옆구리 부분의 신진대사가 원활해져 날씬한 옆구리와 잘록한 허리를 만들 수 있습니다.

5 Minutes

요가 동작을 시작하기 전에 몸을 충분히 풀어 주세요.

추천 수련 시간 : 1분
휴식 시간 : 약 20초

손으로 굽힌 무릎을 눌러 주세요.

바깥다리 끌어당기기 자세

추천 수련 시간 : 1분
휴식 시간 : 약 20초

다리를 꼬아
바깥쪽 허벅지는 눌러 주세요.

다리꼰 담경도인 자세

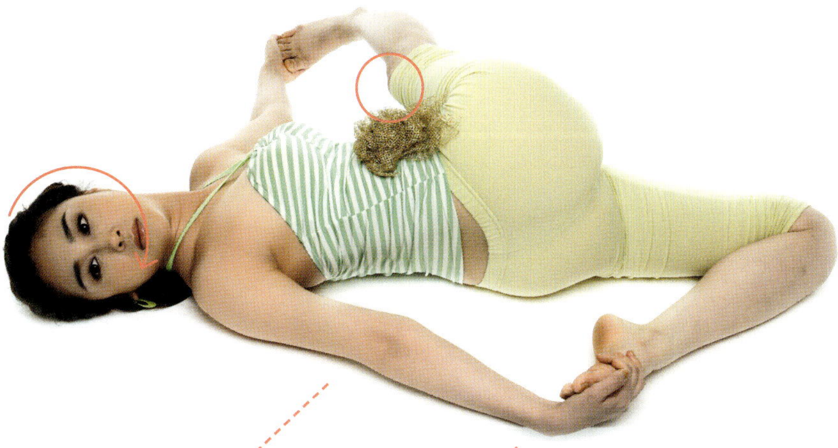

추천 수련 시간 : 1분

휴식 시간 : 약 20초

무릎을 최대한 펴 주세요.

악어 자세

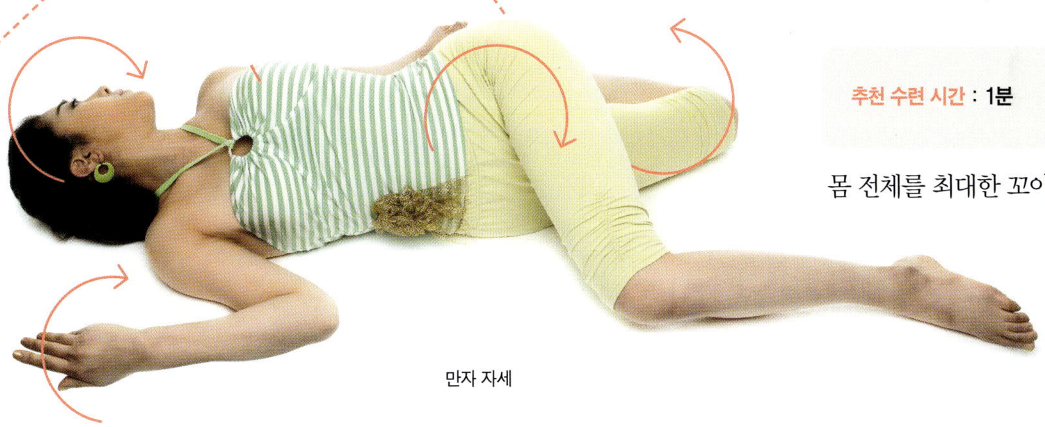

추천 수련 시간 : 1분

몸 전체를 최대한 꼬아 주세요.

만자 자세

동작이 끝난 후에는 '시체 자세'를 이용하여 휴식을 취해 주세요.

5분 프로그램 팁

1. 5분을 1세트로 하여 하루 3회 정도 수련하면, 좋은 효과를 거둘 수 있습니다.
2. 가능한 한 중간 과정의 자세보다는 최종 완성 자세에 더 많은 시간을 할애하는 것이 좋습니다.
3. 수련 자세가 비교적 단순하므로, 정확한 자세를 유지하는 것이 좋습니다.

온몸에 활기를 주고 허리 선을 아름답게 하는

태양 예배 자세

뷰티 날씬한 어깨와 지방 분해에 효과적인 요가

힐링 무기력해진 몸에 에너지를 불어넣는 요가

수련 시간 : 제한 없음 적당한 횟수 : 10~100회 이내
동작 팁 : 1~3분 휴식 시간을 두고 '수련-휴식-수련'

효과
❶ 여성에게 좋은 동작으로, 몸의 모든 경락을 활성화하는 동작입니다.
❷ 호흡기, 소화기, 비뇨 생식기 등을 활성화하여 줍니다.
❸ 잘 빠지지 않는 어깨 살 때문에 고민하는 분들에게 효과적입니다.

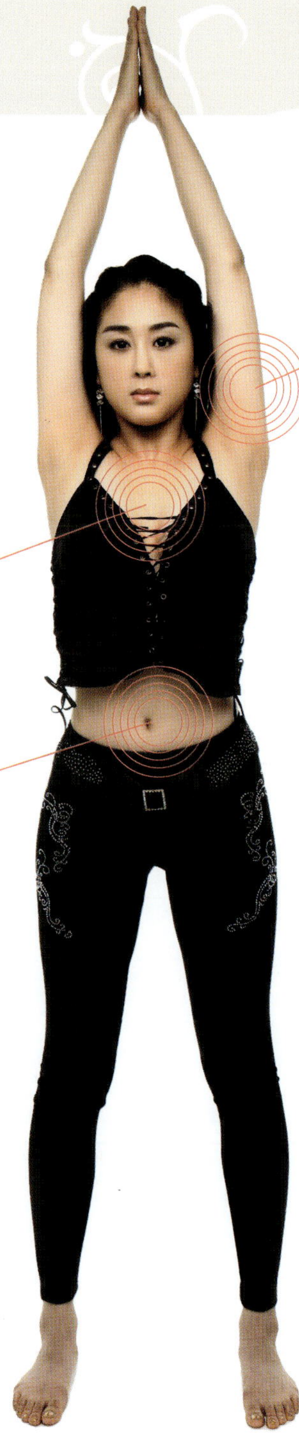

1

다리를 어깨 넓이 정도로 벌리고 선 다음,
가슴 앞에서 합장을 합니다.

2

손끝을 위로 향한 채
합장한 손을 들어올립니다.

3

합장한 손을 정수리 부분으로 가져가 위로 뻗습니다. 이 때, 합장한 손은 정수리의 정중앙선에 오도록 합니다.

조심하세요

합장하여 올린 팔이 귀에 닿도록 밀착시키는 것이 중요합니다.

호흡 요령

❶ 요가 시작 전, 3~5회의 심호흡 ❷ 합장을 위로 밀어 올리면서 코로 숨을 들이마심.(들숨) ❸ 동작 완성 후, 자연 호흡이나 복식 호흡으로 진행해도 무방함.

맑은 눈과 유연한 옆구리

반달 자세

뷰티 날씬하고 유연한 옆구리를 만들어 주는 요가 **힐링** 눈과 간장 기능 강화에 좋은 요가

수련 시간 : 1분 이내 **적당한 횟수** : 좌, 우 각 3~10회 이내 **동작 팁** : 1~3분 휴식 시간을 두고 '수련-휴식-수련'

효과 ❶ 만성 피로 증후군에 아주 효과적인 동작으로, 직장인, 수험생들에게 특히 좋습니다.

❷ 몸의 독소를 정화시켜 주며, 눈이 건강해집니다.

❸ 날씬한 허리 라인은 물론 전신의 지방 분해에도 효과적입니다.

1
다리를 어깨 넓이 정도로 벌리고 선 다음,
가슴 앞에서 합장을 합니다.

2
합장한 손을 머리 위쪽으로
들어올립니다.

3
왼쪽 또는 오른쪽으로 옆구리를
최대한 구부립니다.

조심하세요

척추 측만증 환자는 너무 심하게 수련하지 않는 것이 좋습니다.

호흡 요령

❶ 요가 시작 전, 3~5회의 심호흡 ❷ 합장을 가슴에서 위로 밀어 내면서 코로 숨을 들이마심.(들숨) ❸ 합합장한 팔과 몸을 측면으로 구부려 늘려주면서 입으로 내쉼.(날숨) ❹ 동작 완성 후, 일정 시간 지속하려면 자연 호흡(가능하면 태식 추천)으로 돌아감. 호흡법이 힘들면, 동작 간에 지식(멈춤, 호흡)으로 진행해도 됨.

옆구리 살을 빠르게 빼 주는

누운 비틀기 자세

뷰티 빠른 시간 내에 옆구리 살을 빠른 시간에 뺄 수 있는 요가 **힐링** 변비 해소와 내장 강화에 효과적인 요가

수련 시간 : 20초 이내 적당한 횟수 : 좌, 우 각 10~20회 이내
동작 팁 : 1~3분 휴식 시간을 두고 '수련-휴식-수련'

효과
❶ 변비가 많은 여성에게 특히 좋은 동작으로 간단하게 대장(상행결장, 하행결장)을 자극하여 변비를 해소해 줍니다.
❷ 복부를 중점적으로 자극하기 때문에 소화기 관련 내장의 기능을 전반적으로 강화시켜 줍니다.
❸ 복부와 옆구리를 직접 자극하여 짧은 시간에 일자 몸매를 S라인 몸매로 바꿔 줍니다.

1

바닥에 누워 손깍지를 한 다음, 무릎을 세웁니다.

2

머리와 목, 견갑골의 윗부분을 들어올립니다. (이 때, 등은 바닥에 붙입니다.)

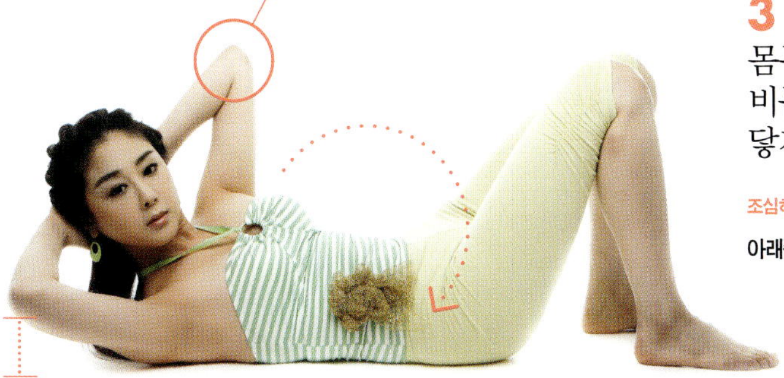

3

몸통을 바닥에 붙인 채 들어올린 상체만 옆으로 비틉니다. 그런 다음, 아래쪽의 팔꿈치가 바닥에 닿지 않도록 주의하면서 자세를 완성합니다.

조심하세요

아래쪽의 팔꿈치가 바닥에 닿지 않도록 하는 것이 중요합니다.

호흡 요령

❶ 요가 시작 전, 3~5회의 심호흡 ❷ 동작 시작 직전, 코로 숨을 들이마심.(들숨) ❸ 동작을 완성해 가면서 입으로 천천히 숨을 내쉼.(날숨) ❹ 동작 완성 후, 약 30초~1분 정도 숨을 멈춤.(지식) ❺ 동작 완성 후, 일정 시간 지속하려면 자연 호흡(가능하면 태식 추천)으로 돌아감.

여성스러운 옆구리를 위한

다리꼰 담경도인 자세

뷰티 여성스럽고 날씬한 옆구리를 만들어 주는 요가 **힐링** 비뚤어진 골반과 짝다리를 바로잡아 주는 요가

수련 시간 : 제한 없음 **적당한 횟수** : 좌, 우 각 5~10회 이내
동작 팁 : 1~3분 휴식 시간을 두고 '수련-휴식-수련'

효과
❶ 비뚤어진 줌골반을 바로잡아 만성 요통을 예방하는 효과가 있습니다.
❷ 횡적으로 돌아간 골반때문에 바지단이 맞지 않는 짝다리에 효과적입니다.
❸ 날씬한 옆구리를 만들어 주기 때문에 특히 박스형 체형을 가진 여성에게 좋습니다.

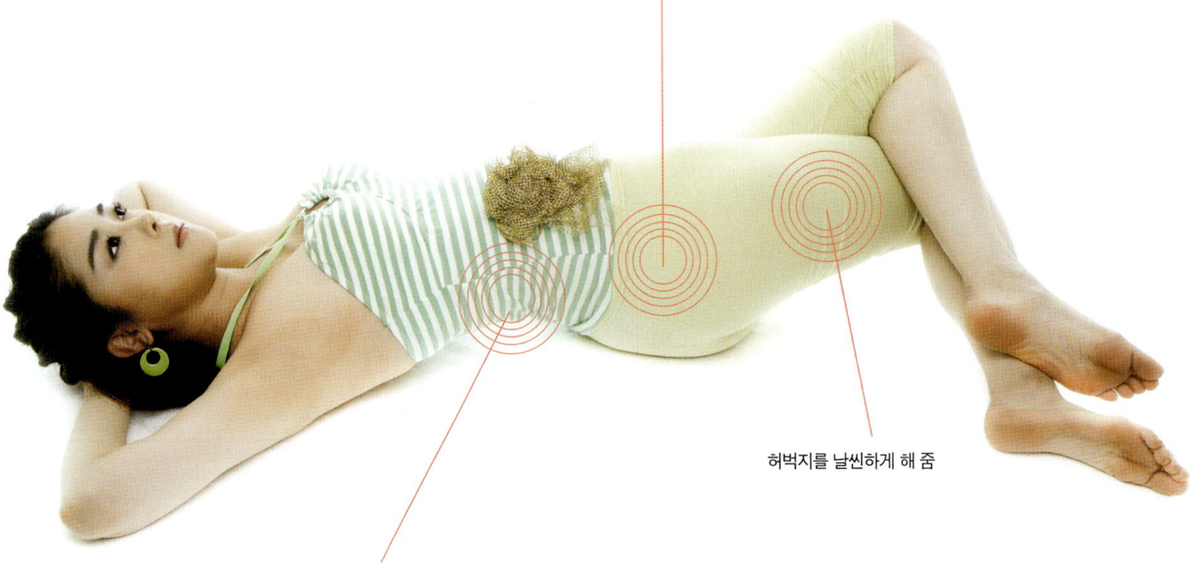

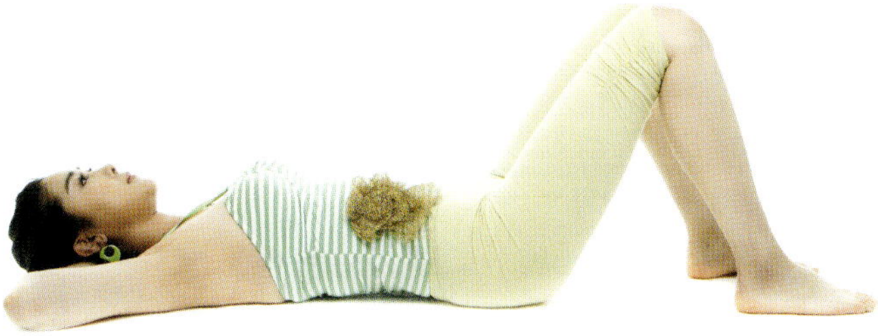

1
바닥에 누워 머리 뒤에 손깍지를 한 다음, 무릎을 세웁니다.

2
한쪽 다리를 다른 쪽 다리 위로 넘겨 교차시킵니다.

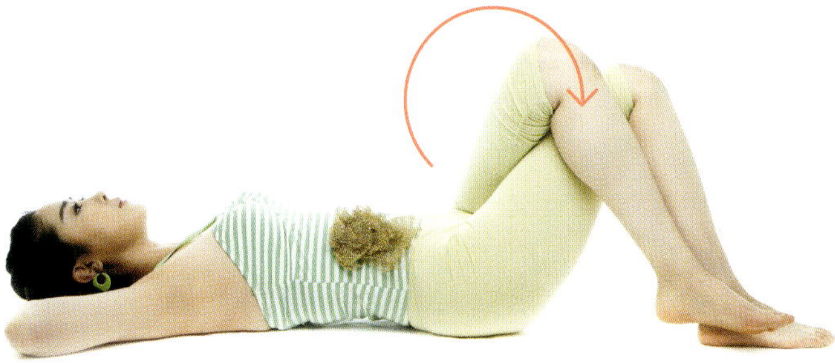

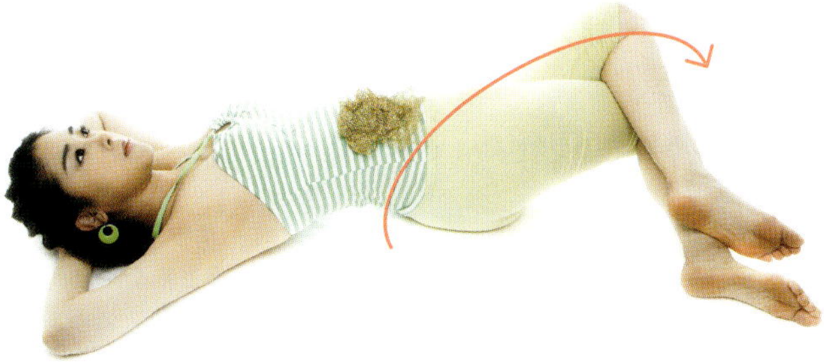

3
위쪽 다리를 잡아당겨 아랫쪽 다리를 바닥 쪽으로 눕힙니다.
반대쪽도 같은 방법으로 해 줍니다.

조심하세요

반동을 주어 척추에 무리가 가지 않도록 하십시오.

호흡 요령

❶ 요가 시작 전, 3~5회의 심호흡 ❷ 동작 시작 직전, 코로 숨을 들이마심.(들숨) ❸ 동작을 완성해 가면서 입으로 천천히 숨을 내쉼.(날숨) ❹ 동작 완성 후, 약 30초~1분 정도 숨을 멈춤.(지식) ❺ 동작 완성 후, 일정 시간 지속하려면 자연 호흡(가능하면 태식 추천)으로 돌아감.

잘록한 옆구리를 위한
바깥다리 끌어당기기 자세

뷰티 날씬한 옆구리를 만들어 주는 요가 **힐링** 비뚤어진 척추와 골반을 바로잡는 요가

수련 시간 : 3~20분 이내 **적당한 횟수** : 좌, 우 각 2~5회 이내
동작 팁 : 1~3분 휴식 시간을 두고 '수련-휴식-수련'

효과
❶ 척추 측만증이나 일반 요통에 좋습니다.
❷ 허벅지의 위쪽이 당겨지기 때문에 골반 교정에 효과적입니다.
❸ 허리 부분에 강한 자극을 주어 허리를 날씬하게 해 줍니다.
❹ 누구나 쉽게 할 수 있는 동작으로 십자 자세나 비틀기 자세와 같이 수련하면 더욱 효과적입니다.

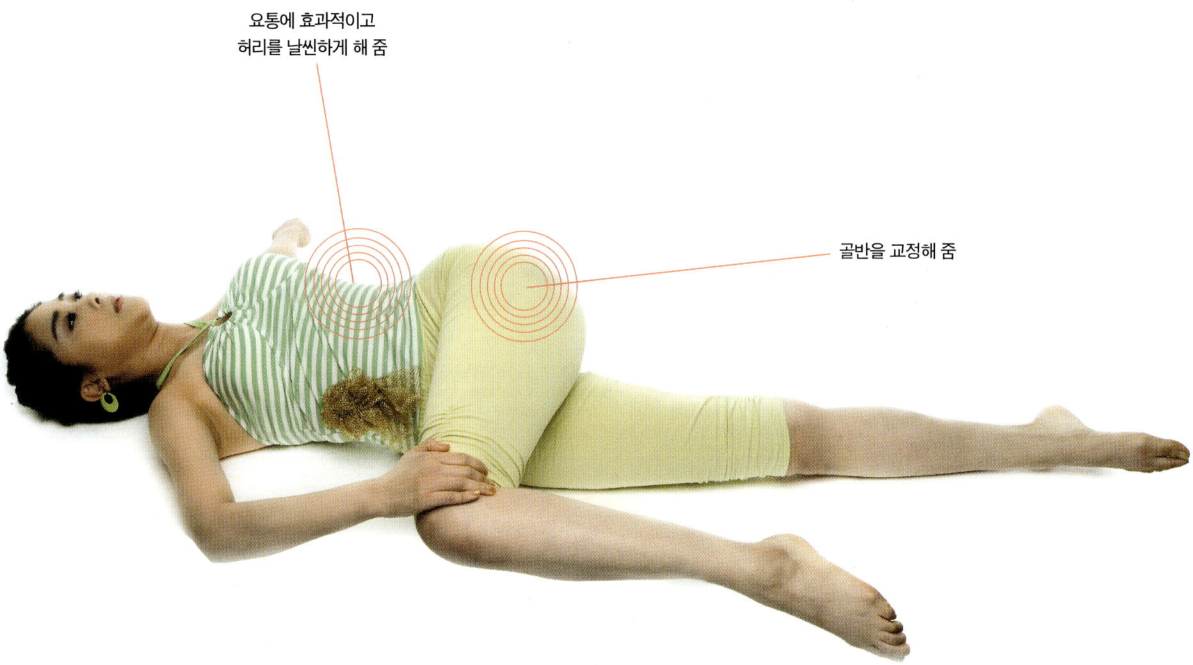

1

누워 팔을 펼쳐 바닥을 지지한 상태로 한쪽 다리를 90도 정도로 들어올립니다.

2

다리를 반대쪽으로 돌립니다.

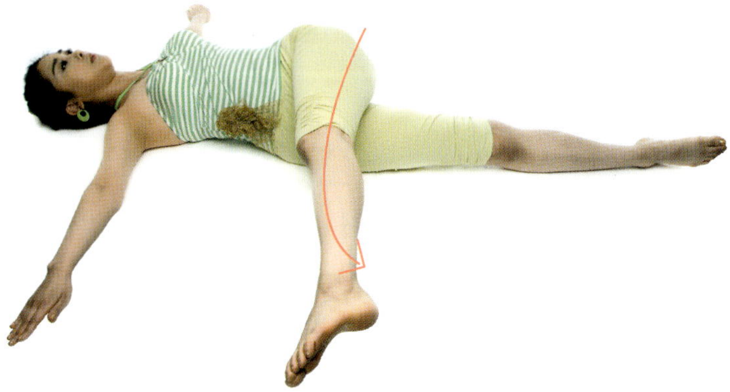

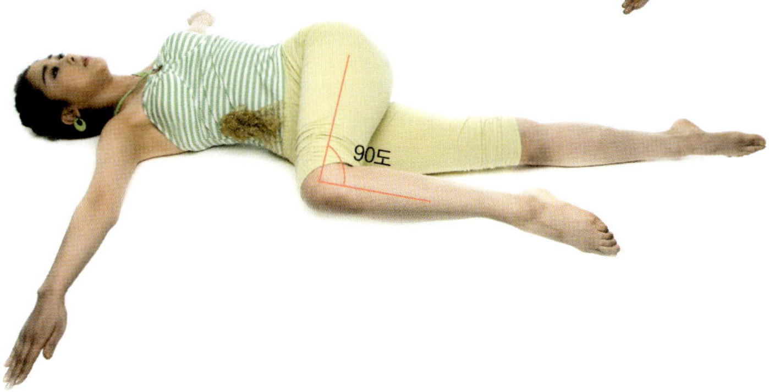

3

무릎을 90도 정도 구부립니다.

4

구부린 무릎을 반대쪽 손으로 눌러 바닥에 닿게 합니다.

조심하세요

양 어깨가 바닥에서 떨어지면 효과가 없습니다.

손으로 눌러
무릎을 고정함

호흡 요령

❶ 요가 시작 전, 3~5회의 심호흡 ❷ 동작 시작 직전, 코로 숨을 들이마심.(들숨) ❸ 동작을 완성해 가면서 입으로 천천히 숨을 내쉼.(날숨) ❹ 동작 완성 후, 약 30초~1분 정도 숨을 멈춤.(지식) ❺ 동작 완성 후, 일정 시간 지속하려면 자연 호흡(가능하면 태식 추천)으로 돌아감.

전신을 자극하는 악어 자세

뷰티 균형 잡힌 몸매를 만드는 요가 **힐링** 한 가지 동작으로 전신을 자극해 주는 효과적인 요가

수련 시간 : 3~20분 이내 **적당한 횟수** : 좌, 우 각 3~5회 이내
동작 팁 : 1~3분 휴식 시간을 두고 '수련-휴식-수련'

효과
❶ 피로 회복, 다이어트, 간장 강화 등에 효과가 있는 전신 운동입니다.
❷ 얼굴이 잘 붓는 사람에게 좋으며, 얼굴이 작아지는 효과가 있습니다.
❸ 목, 팔, 다리, 옆구리, 허리를 골고루 자극하여 건강을 유지하는 데에 도움을 줍니다.

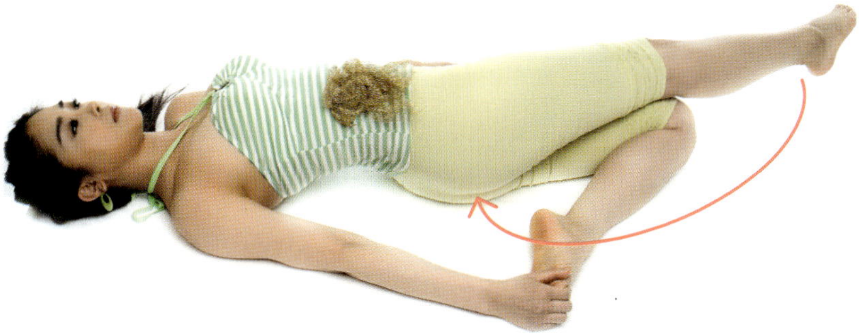

1
누운 상태에서 왼쪽 다리를
뒤로 접은 다음, 오른손으로 잡습니다.

2
왼발을 오른손으로 잡고,
오른발을 왼손으로 잡습니다.
이 때, 양 발은 모두 바닥에 닿아 있어야 합니다.

3
오른쪽 다리를 펼침과 동시에 구부린 왼쪽 다리를 오른손으로 잡아당깁니다.

조심하세요

목은 반드시 반대 방향을 향하도록 해야 하며, 어깨가 바닥에서 떨어지지 않도록 하는 것이 중요합니다.

❶ 요가 시작 전, 3~5회의 심호흡 ❷ 전체 동작 시작 직전, 코로 숨을 들이마심.(들숨) ❸ 동작을 완성해 가면서 입으로 천천히 숨을 내쉼.(날숨) ❹ 동작 완성 후, 약 30초~1분 정도 숨을 멈춤.(지식) ❺ 동작 완성 후, 일정 시간 지속하려면 자연 호흡(가능하면 태식 추천)으로 돌아감.

노화를 늦춰 주는

만자(卍字) 자세

뷰티 노화 예방과 피부 탄력에 좋은 요가 **힐링** 허약한 체질을 건강하게 바꿔 주는 요가

수련 시간 : 3~20분 **적당한 횟수** : 좌, 우 각 2~5회 이내
동작 팁 : 1~3분 휴식 시간을 두고 '수련-휴식-수련'

효과
❶ 머리를 비롯한 온몸의 기혈 순환을 도와 줍니다.
❷ 틈나는 대로 하루에 여러 번 수련하면, 피로 물질의 분해가 빨라집니다.
❸ 신체의 각 부분을 자극하여 피부를 탄력적으로 만들어 줍니다.
❹ 전신을 펴는 효과가 있어 노화 예방에 좋습니다.

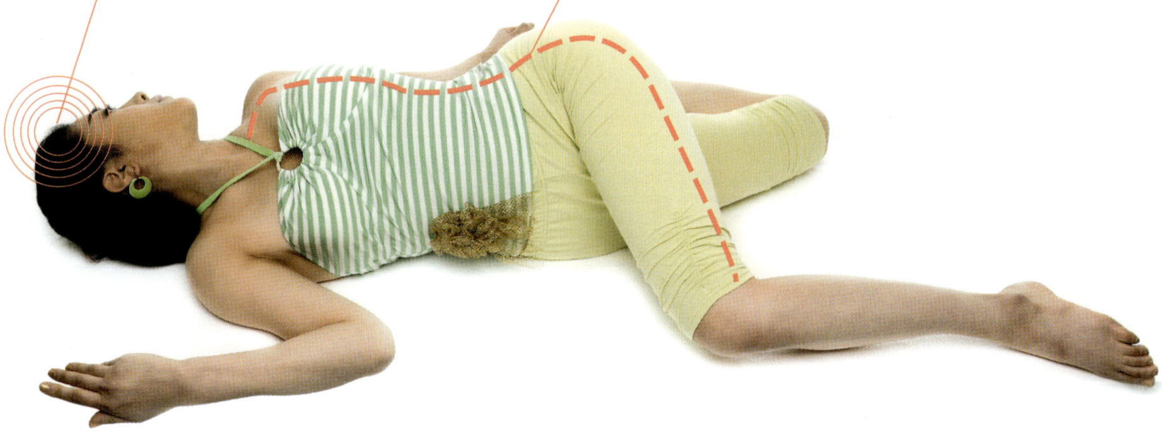

1
몸을 이완시킨 후, 자연스럽게 눕습니다.

2
왼쪽 다리를 오른쪽으로 구부려 넘기고,
오른쪽 다리는 그대로 구부립니다.
이 때, 두 팔도 함께 구부립니다.

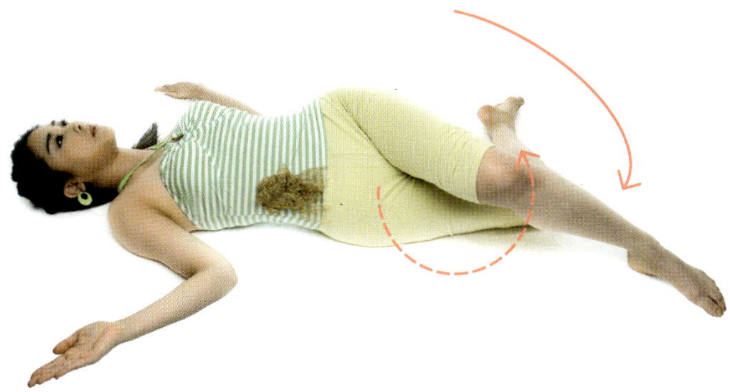

3
오른쪽 팔은 머리 쪽으로 새끼손가락 손끝을 비틀어 주며, 오른쪽 발을 왼손으로 잡아당겨 '시위를 당긴 활 자세' 를 만듭니다.

조심하세요

양 어깨는 최대한 바닥에 붙이고, 고개는 활 자세의 모양을 한 방향으로 돌려 주십시오.

호흡 요령

❶ 요가 시작 전, 3~5회의 심호흡 ❷ 전체 동작 시작 직전, 코로 숨을 들이마심.(들숨) ❸ 동작을 완성해 가면서 입으로 천천히 숨을 내쉼.(날숨) ❹ 만(卍)자 동작을 완성한 후, 약 30초~1분 정도 숨을 멈춤.(지식) ❺ 동작 완성 후, 일정 시간 지속하려면 자연 호흡(가능하면 태식 추천)으로 돌아감.

21

풍만한 가슴과 잘록한 옆구리를 동시에

비틀기 합장 자세

뷰티 풍만한 가슴과 우아한 시선에 좋은 요가 **힐링** 척추 교정과 수족 냉증 치료에 효과적인 요가

수련 시간 : 3~10분 이내 **적당한 횟수** : 좌, 우 각 3~5회 이내
동작 팁 : 1~3분 휴식 시간을 두고 '수련-휴식-수련'

효과
❶ 비뚤어진 척추를 교정해 주고, 허리와 옆구리의 군살을 빼 줍니다.
❷ 흉곽과 가슴 근육을 발달시켜 가슴을 풍만하게 해 줍니다.
❸ 집중력을 강화하고 스트레스를 완화시켜 우아한 시선을 만들어 줍니다.

1
양반다리를 한 상태에서,
한쪽 다리를 다른 쪽 다리 위로
교차시켜 세웁니다.

2
세운 무릎 쪽으로 몸을 돌려
반대쪽 팔꿈치로 고정합니다.

3
세운 다리를 고정한 팔과 반대쪽 팔을 이용하여
합장 자세를 만듭니다.

조심하세요

척추와 골격에 병리적 이상이 있는 분은 반드시 전문의와 상의하십시오.

❶ 요가 시작 전, 3~5회의 심호흡 ❷ 동작 시작 직전, 코로 숨을 들이마심.(들숨) ❸ 동작을 완성해 가면서 입으로 천천히 숨을 내쉼.(날숨) ❹ 동작 완성 후, 약 30초~1분 정도 숨을 멈춤.(지식) ❺ 동작 완성 후, 일정 시간 지속하려면 자연 호흡(가능하면 태식 추천)으로 돌아감.

송규성과 함께하는 요가 칼럼 3

요통과 비만

인류의 숙명인 요통을 극복하기 위한 제언

요통은 인류의 진화를 통해 얻은 훈장

'허리 통증은 직립을 선택한 인류의 숙명적인 질환'이라는 말이 있습니다. 직립을 하지 않는 네 발 동물은 상·하체의 체중을 분산하여 땅을 딛기 때문에 인간의 요추처럼 굵을 필요도 없고, 디스크가 생길 확률도 적습니다. 하지만 인간은 두 손을 자유롭게 사용하기 위해 두 발로 걸어야만 했기 때문에 상체의 체중이 요추에 가해지게 되어 요통이 생긴 것입니다. 인류는 결국 두 발을 포기함으로써 문명(文明) 대신 요통을 얻은 것입니다.

결국, 요통은 인류의 진화를 통해 얻은 훈장인 셈입니다.

체중만 줄여도 요통의 20~30%까지는 줄일 수 있어

모든 사람이 요통 환자는 아니지만, 인류의 70~80%가 살아있는 동안 요통을 경험한다고 합니다. 이를 피하기 위해서는 평소 등의 근육을 강화시키는 운동을 하거나 체중을 줄이는 노력을 해야 합니다. 체중을 줄이는 것만으로도 허리의 인대와 디스크에 가해지는 부담이 줄어들어 약 20~30% 정도의 요통이 줄어드는 효과가 있습니다.

요통 재활은 누운 자세에서 – 슬로우 액서사이즈가 도움 돼

요통 재활 운동을 할 때에는 누운 자세에서 하는 것이 좋습니다. 또한 운동량이 많고 빠른 운동을 하는 것보다는 느리더라도 '슬로우 액서사이즈(느린 운동의 총칭으로 요가나 기공, 도인술, 태극권 등이 이에 해당됨)'에 해당되는 운동을 하는 것이 요통을 해결하는 지름길입니다.

스트레스와 비만

최근 학계에서는 스트레스와 비만의 상관성에 관한 연구 결과가 발표되고 있는데, 이 연구 결과에 따르면 비만의 가장 큰 원인은 '스트레스'라고 합니다. 즉, 스트레스를 받을 때에 몸에서 분비되는 호르몬이 복부 비만의 원인이 된다는 것입니다.

또한 이밖에도 허리에 살이 찐 여성일수록 스트레스에 민감하게 반응한다는 결과도 발표되었습니다. 이것은 반대로 스트레스를 해소한다면 복부와 허리의 비만이 호전될 수 있다는 것을 뜻합니다. 동양 의학에서는 스트레스가 간의 기능과 관계가 깊다고 합니다. 따라서, 간장의 피로를 해소해 주거나 간 경락(족궐음간경)을 잘 다루어 주면 시너지 효과를 얻을 수 있습니다.

YOGA Q&A 1

요가, 이런 것이 궁금해요

질문 운동으로서 요가가 가진 장점은 무엇인가요?

요가는 준비물이 그다지 필요하지 않은 운동입니다. 서양인들의 대표적인 생활 운동으로 꼽히는 헬스 운동(웨이트 트레이닝)과 달리, 요가는 조깅처럼 맨손으로 할 수 있는 운동입니다. 요가는 어떤 특별한 도구나 옷도 필요하지 않으며, 혼자서도 할 수 있는 운동입니다. 또한 다른 운동처럼 일정한 환경과 공간이 필요한 것도 아닙니다. 그저 1평 남짓의 공간만 있다면 언제, 어디서든 즐길 수 있습니다. 요가와 유산소 운동을 병행하면 요가의 효과가 더욱 커진다는 점도 알아 두시기 바랍니다.

질문 입문자가 일상생활 속에서 요가를 수련할 수 있는 가장 빠른 방법은 무엇인가요?

먼저 제일 쉬운 자세부터 시작하는 것입니다. 비슷한 효과를 가진 자세들 중에서 자신이 제일 하기 쉬운 자세를 택하여 정성스럽게 수련하면 됩니다. 유연성은 개인마다 차이가 있으므로, 자신의 몸 상태를 충분히 고려하여 수련하는 것이 좋습니다. 작은 것부터 하나씩 이루어나가겠다는 마음가짐으로 임하면, 어느덧 요가는 생활 속의 일부분이 되어 있을 것입니다.

질문 요가를 열심히 했는데 어느 날부터 재미가 없어지네요. 억지로라도 해야 할까요?

억지로는 수련하지 않는 게 좋을 듯합니다. 하기 싫은 날, 억지로 수련하지 마십시오. 요가는 밀린 숙제가 아니며 의무도 아닙니다. 육체적인 컨디션이 나쁘거나 스트레스로 인해 내키지 않는 날에 억지로 수련하면, 요가에 대해 나쁜 인상을 가질 수 있습니다. 정말 하기 싫은 날, 휴식을 취하는 것은 요가를 수련하는 것만큼이나 가치 있는 일입니다. 하고, 안 하고를 본인이 선택할 수 있다면 더 오랫동안 요가를 할 수 있을 것입니다.

질문 식사 후에는 요가를 금한다던데 정말 하면 안되나요?

속이 편한 상태에서 수련하는 것이 좋습니다. 식사를 한 지 2~3시간 정도 지난 후나 공복에 수련할 것을 권합니다. 요가의 움직임 자체는 격렬하지 않지만, 때로 내장의 상하가 바뀌거나 내장을 압박하는 자세를 취해야 할 경우도 있기 때문에 어느 정도 소화가 되어 위장이 안정된 이후에 수련하는 것이 좋습니다.

질문 목욕 후, 요가 수련은 금기라고 하던데, 정말 하면 안 되나요?

목욕 직후의 요가 수련은 피하는 것이 좋습니다. 목욕한 직후에는 졸리기 쉬우므로 난이도가 높은 동작을 취하다가 미끄러져 다칠 염려가 있고, 목욕 후에는 신체가 휴식 상태가 되기 때문에 집중력이 떨어지게 됩니다. 자세를 꼬거나 뒤틀고 상하를 바꾸는 난이도가 있는 동작을 하다가 갑자기 힘이 풀려 머리를 다치거나, 허리나 팔 다리에 상해를 입으면 안되기 때문입니다. 그렇지만 난이도가 낮거나 명상 요가 정도라면 목욕 후에라도 무방합니다.

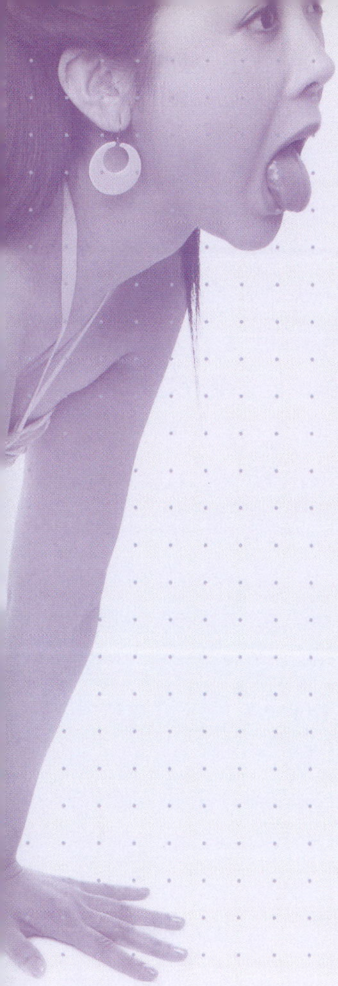

Part 3

탄탄한 복부를 위한

파워 요가

매력적인 복부를 위한 5분 요가

이번 장에서는 하체의 무게를 이용하여 복부에 자극을 줌으로써 군살(피하 지방)을 없애고, 마지막에는 내장을 압박, 자극하여 장내 가스를 배출하는 데에 도움을 주는 요가 동작을 배워 보겠습니다. 이 동작을 꾸준히 수련하면, 장이 건강해짐은 물론 탄력 있고 매력적인 복부를 만들 수 있습니다.

5 Minutes

요가 동작을 시작하기 전에 몸을 충분히 풀어 주세요.

가래 자세

추천 수련 시간 : 1분
휴식 시간 : 약 20초

45도 정도만 들어올려 주세요.

추천 수련 시간 : 1분
휴식 시간 : 약 20초

다리가 수직 상태를 유지하게 하세요.

90도 쟁기 자세

90도 쟁기 발끝 젖히기 자세

추천 수련 시간 : 1분
휴식 시간 : 약 20초

발을 낫 모양으로 꺾고 발가락이 최대한 배꼽을 보게 하세요.

추천 수련 시간 : 1분

몸을 최대한 작게 모아 주세요.

방귀 자세

동작이 끝난 후에는 '시체 자세'를 이용하여 휴식을 취해 주세요.

5분 프로그램 팁

1. 5분을 1세트로 하여 하루 3회 정도 수련하면, 좋은 효과를 거둘 수 있습니다.
2. 가능한 한 중간 과정의 자세보다는 최종 완성 자세에 더 많은 시간을 할애하는 것이 좋습니다.
3. 수련 자세가 비교적 단순하므로, 정확한 자세를 유지하는 것이 좋습니다.

뱃살을 중점 공략하는

가래 자세

뷰티 탄력 있는 복부를 만드는 데에 효과적인 요가 **힐링** 위와 장에 좋은 요가

수련 시간 : 1~20분 이내 **적당한 횟수** : 횟수보다 시간이 중요함
동작 팁 : 1~3분 휴식 시간을 두고 '수련-휴식-수련'

효과
❶ 선천적으로 허약한 체질인 분들에게 좋습니다.
❷ 장이 튼튼해지며, 내장 비만 해소에 좋습니다.
❸ 탄탄하면서도 여성적인 복부를 만들 수 있습니다.

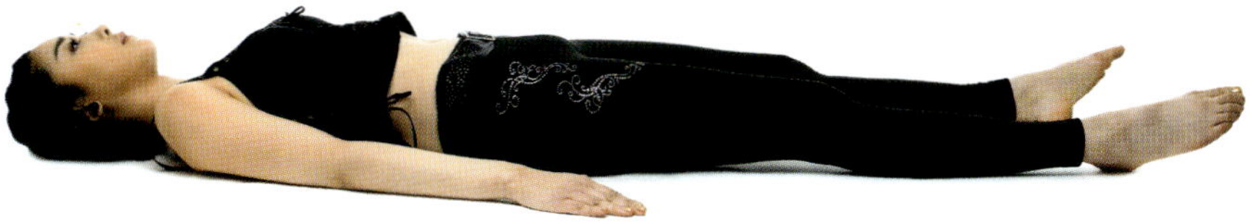

1
바닥에 자연스럽게 누워
손바닥을 바닥에 댑니다.

2
무릎을 펼친 채로 다리를 들어올립니다.

발끝을 긴장시키고
발 사이를 강하게 밀착함

3
다리를 45도 정도 들어올려 자세를
고정합니다.

조심하세요

복근이 갑자기 풀리면 발뒷꿈치가 바닥에 닿아 다칠 수 있으므로, 발뒷꿈치가 떨어질 수 있는 곳에 쿠션을 받쳐 놓는 것이 좋습니다.

호흡 요령

❶ 요가 시작 전, 3~5회의 심호흡 ❷ 동작 시작 직전, 코로 숨을 들이마심.(들숨) ❸ 동작을 완성해 가면서 입으로 천천히 숨을 내쉼.(날숨) ❹ 동작 완성 후, 약 30초~1분 정도 숨을 멈춤.(지식) ❺ 동작 완성 후, 일정 시간 지속하려면 자연 호흡(가능하면 태식 추천)으로 돌아감.

탄력 있는 배와 백조의 목을 만들어 주는

무릎 당겨 머리 들기 자세

뷰티 백조처럼 예쁜 목 라인을 만들어 주는 요가 **힐링** 거의 모든 요통 환자에게 추천할 만한 요가

수련 시간 : 1~10분 이내 **적당한 횟수** : 2~20회 이내
동작 팁 : 1~3분 휴식 시간을 두고 '수련-휴식-수련'

효과
❶ 증상이 각기 다른 요통 환자들에게 공통으로 추천할 만한 요가 동작입니다.
❷ 불면증이나 수면 장애가 있는 사람에게 좋습니다.
❸ 목의 군살을 제거해 주고, 목 근육을 탄력 있게 만들어 줍니다.

1
반듯이 누운 채로 무릎을 접어
몸 쪽으로 붙입니다.

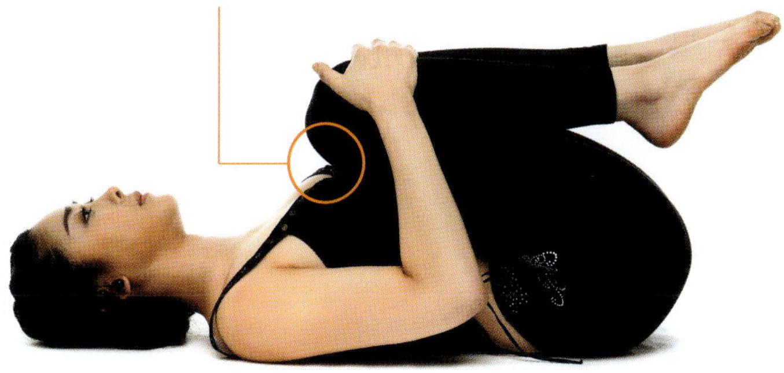

2
팔로 무릎을 잡아
고정시킵니다.

3
무릎에 얼굴을 댑니다.

조심하세요

거의 모든 사람에게 무리가 없지만, 척추 환자인 경우에는 반드시 전문의와 상의한 후에 수련하는 것이 좋습니다.

호흡 요령

❶ 요가 시작 전, 3~5회의 심호흡 ❷ 동작 시작 직전, 코로 숨을 들이마심.(들숨) ❸ 동작을 하면서 입으로 천천히 숨을 내쉼.(날숨) ❹ 동작 완성 후, 약 30초~1분 정도 숨을 멈춤.(지식) ❺ 동작 완성 후, 일정 시간 지속하려면 자연 호흡(가능하면 태식 추천)으로 돌아감.

변비 때문에 고생하는 분을 위한

방귀 자세

뷰티 목 선을 아름답게 가꿔 주는 요가 **힐링** 변비, 가스로 거북한 뱃속을 편안하게 해 주는 요가

수련 시간 : 10초~1분 이내 **적당한 횟수** : 5~20회 이내
동작 팁 : 1~3분 휴식 시간을 두고 '수련-휴식-수련'

효과
❶ 복근 강화와 가스 배출 및 변비 해소에 탁월한 효과가 있습니다.
❷ 방광의 기능을 도와 수분 대사가 좋아지기 때문에 잘 붓지 않고 살이 빠지게 됩니다.
❸ 정지 동작으로 긴 시간 수련하면, 근육에 정적 긴장 훈련 운동(아이소매트릭스) 효과를 주어 목 선을 아름답게 가꾸어 줍니다.

1
반듯이 누운 채로 무릎을 접어
몸 쪽으로 붙입니다.

2
팔로 무릎을 감싸 안습니다.

무릎, 팔꿈치, 얼굴 부분을
최대한 밀착함

3
팔꿈치 안에 얼굴을 넣습니다.

조심하세요

척추나 골격에 병리적 이상이 있는 사람은 반드시 전문의와 상의한 후에 수련하는 것이 좋습니다.

호흡 요령

❶ 요가 시작 전, 3~5회의 심호흡 ❷ 동작 시작 직전, 코로 숨을 들이마심.(들숨) ❸ 동작을 완성해 가면서 입으로 천천히 숨을 내쉼.(날숨) ❹ 동작 완성 후, 약 30초~1분 정도 숨을 멈춤.(지식) ❺ 동작 완성 후, 일정 시간 지속하려면 자연 호흡(가능하면 태식 추천)으로 돌아감.

복부와 허벅지 살을 동시에

보트 자세

뷰티 복부와 허벅지 살을 효과적으로 뺄 수 있는 다이어트 요가 **힐링** 몸을 정화하고 내장 기관을 튼튼하게 해 주는 요가

수련 시간 : 1~10분 이내 **적당한 횟수** : 1~10회 이내
동작 팁 : 1~3분 휴식 시간을 두고 '수련-휴식-수련'

효과 ❶ 복부와 허벅지 살을 가장 효과적으로 뺄 수 있습니다.
❷ 내장 기관 강화와 변비 해소에 좋습니다.
❸ 남성의 정력을 강화하고 여성의 피부를 곱게 해 줍니다.

1
상체를 바닥으로부터 45도 정도 떨어지도록 뒤로 젖힌 다음, 팔로 지탱하여 앉습니다.

2
무릎을 펴고,
다리를 45도 정도 들어올립니다.

3
바닥에서 팔을 떼어 수평으로 뻗습니다.

조심하세요

엉덩이에 살이 너무 없어 동작이 어려운 분은 방석을 이용해도 됩니다.

❶ 요가 시작 전, 3~5회의 심호흡 ❷ 동작 시작 직전, 코로 숨을 들이마심.(들숨) ❸ 동작을 완성해 가면서 입으로 천천히 숨을 내쉼.(날숨) ❹ 동작 완성 후, 약 30초~1분 정도 숨을 멈춤.(지식) ❺ 동작 완성 후, 일정 시간 지속하려면 자연 호흡(가능하면 태식 추천)으로 돌아감.

복부와 하체 비만을 잡는

낮은 브이 자세

뷰티 하체 비만으로 고민하는 여성을 위한 요가 **힐링** 허약한 체질을 개선하고 집중력을 강화시키는 요가

수련 시간 : 1~10분 이내 **적당한 횟수** : 1~5회 이내

동작 팁 : 1~3분 휴식 시간을 두고 '수련-휴식-수련'

효과
❶ 전신을 들어 주는 동작으로 지구력과 집중력 향상에 효과적입니다.
❷ 내장을 튼튼하게 하여 허약한 체질을 개선하는 데에 좋습니다.
❸ 허벅지가 바닥에 닿지 않기 때문에 하체 비만 해소에 효과적입니다.
❹ 복부의 근육들을 많이 사용하므로 다이어트에 좋습니다.

1
상체를 바닥으로부터 30도 정도 떨어지도록
뒤로 젖힌 다음, 팔로 지탱하여 앉습니다.

2
다리를 약 5~15도 정도 들어올립니다.
가능한 한도 내에서, 바닥에서 조금
들어 주는 것이 포인트입니다.

3
팔을 바깥쪽으로 펼쳐 뻗은 후, 지면에서
약 10cm 내외로 들어올려
중심을 잡습니다.

조심하세요

바닥에서 너무 높지 않게 팔과 다리를 들어 주어야 효과를 거둘 수 있습니다.

호흡 요령

❶ 요가 시작 전, 3~5회의 심호흡 ❷ 동작 시작 직전, 코로 숨을 들이마심.(들숨) ❸ 동작을 완성해 가면서 입으로 천천히 숨을 내쉼.(날숨) ❹ 동작 완성 후, 약 30초~1분 정도 숨을 멈춤.(지식) ❺ 동작 완성 후, 일정 시간 지속하려면 자연 호흡(가능하면 태식 추천)으로 돌아감.

송규성과 함께하는 요가 칼럼 4

단식과 요가 다이어트

잘못된 단식보다 요가 다이어트를 추천하는 이유

단식은 가슴 살을 줄이고, 뱃살이나 엉덩이 살을 남긴다.

일반적으로 다이어트라고 하면 '굶는 것' 을 가장 먼저 떠올리는 경우가 많습니다. 그런데 단식(斷食)은 영양 공급을 중단함으로써 체중을 조절할 수 있을지는 몰라도, 계속 굶기만 할 경우 자칫 몸매를 망가뜨릴 수 있습니다. 단식을 하게 되면 정작 유지하고 싶은 가슴의 지방은 쉽게 빠지는 반면, 꼭 빼야만 하는 뱃살이나 엉덩이 살은 의외로 잘 빠지지 않기 때문입니다.

살이 빠지는 것과는 반대로 우리 몸 중에서 가장 살이 쉽게 찌는 부분은 배와 엉덩이 부분이며, 가슴은 지방이 자리잡기 어려운 부분으로 알려져 있습니다. 따라서, 무리한 단식을 통해 다이어트를 하거나 다이어트를 시도하다 중간에 그만 두는 악순환을 반복하다 보면, 국소 비만과 체형 왜곡이 점점 더 심해져 몸매를 더욱 망가뜨리는 결과를 가져옵니다.

체형 다듬기의 최고 운동으로 꼽히는 요가

단식과 달리 운동은 칼로리를 소모하여 군살을 에너지로 바꾸어 줍니다. 즉, 군살 부분을 다듬어 날씬한 체형을 만드는 것입니다. 근육 조직을 적당히 키워 줌으로써 체중 조절에도 도움을 줍니다. 단식보다 운동이 다이어트에 더욱 효과적인 것은 더 말할 나위가 없습니다. 그런데 수많은 운동 중에서도 요가는 손꼽히는 체형 다듬기 운동으로써 부동의 자리를 지키고 있습니다.

사우나로 빼는 땀 vs 요가를 통해 흘리는 땀

사우나에서는 수분과 미네랄이 빠져나간다.

흔히 물살인 분들이 찜질방이나 사우나를 이용해서 체중 조절을 시도하지만 찜질방이나 사우나에서 흘리는 땀은 수분과 미네랄 등 우리 몸에 필요한 유효 성분이 많이 빠져나가고 신진대사를 활성화하는 효과가 미미한 반면, 요가나 운동을 통해 흘리는 땀은 정체되어 흐르지 못하고 변성된 체액 성분인 '수독(水毒)' 이나 '체내 노폐물' 등의 독소를 배출하게 되므로 인체가 정화되는 효과가 있습니다.

요가는 사우나나 찜질방에서의 수동적인 땀흘림과는 달리 스태미너의 증강도 기대할 수 있으므로 요가를 통한 다이어트가 사우나를 통한 다이어트 보다 훨씬 효과적이라고 할 수 있습니다.

YOGA Q&A 2

요가, 이런 것이 궁금해요

질문 요가할 때 복장 제한이 있나요? 또, 금속 장신구를 금기시하던데, 그 이유는 무엇인지요?

장신구 없는 맨 몸과 몸을 조이지 않는 복장이면 됩니다. 가죽옷이나 청바지 등 몸을 단단하게 조이는 옷은 자세를 제한하며, 혈행을 나쁘게 하므로 금기입니다. 금속물을 몸에 지니고 수련하는 것도 좋지 않습니다. 금속은 고유의 파장을 가지고 있는데, 이러한 파장에는 자신에게 맞는 것과 맞지 않는 것이 있습니다. 따라서, 수련 시에는 수련에 영향을 주는 인위적인 요소를 배제하기 위해 보석류나 금속 등이 없는 가장 자연스러운 상태가 좋습니다.

질문 난이도가 높은 요가를 날마다 독학 수련하는 사람인데, 현재 몸살이 났습니다. 병 중에도 요가를 똑같이 수련하는 것이 좋은가요?

병을 앓고 있는 중이거나 병중(病中)이나 병을 앓고 난 후에는 수련 전에 요가 전문가나 의사와 상의하는 것이 좋습니다. 병 중이나 병 후에는 자신의 신체 특성을 잘 고려하여 수련을 잠시 보류하거나 난이도가 낮은 동작으로 수련을 해야 합니다.

질문 좌우 쪽 수련을 할 수 있는 요가 자세에서 오른쪽은 잘 되지만, 왼쪽은 잘 되지 않아서 한 방향만 수련해요. 어느 한쪽만이라도 잘하는 것이 좋은지요?

어렵다고 포기하지 말고 필요하면 양쪽 모두 수련하는 것이 좋습니다. 편식이 좋지 않듯이 요가 수련에도 치우침이 있어서는 안 됩니다. 요가 수련이 한쪽으로 치우치게 되면, 인체가 불균형을 이루기 때문입니다. 어렵고 안 되는 동작의 경우에 신체 상태를 감안하지 않고 무리하게 시도하는 것도 문제이지만 어느 한쪽만 수련하는 것도 좋지 않습니다. 처음에는 잘 되지 않더라고 인내심을 가지고 점진적으로 시도해 보도록 하십시오.

질문 요가의 여러 세트를 동작 중심으로 수련하는데 쉽게 피곤해집니다. 이럴 때 쉬는 것이 좋을지요?

동작 중심의 요가 수련(유연성과 근력이 동시에 필요한 요가수련) 후에는 명상을 하거나 숙면을 취하는 것이 좋습니다. 수련이 끝난 후에 몸을 많이 움직이면, 차분히 가라앉아 있던 마음이 다시 흥분하게 되어 요가의 효과가 없어지게 됩니다.

Part 4

매력적인 뒷모습을 위한

등 교정 요가

매력적인 뒷모습을 위한 5분 요가

등은 일상생활 속의 잘못된 자세 때문에 가장 많은 피해를 보는 부위입니다. 이번 장에서는 비뚤어진 등뼈를 교정해 주고, 덤으로 등 부위의 뭉친 살까지 빼 주는 요가 동작을 배워 보겠습니다.

5 Minutes

요가 동작을 시작하기 전에 몸을 충분히 풀어 주세요.

전굴 자세

추천 수련 시간 : 1분
휴식 시간 : 약 20초

상체를 최대한 구부려 주세요.

토끼 자세

추천 수련 시간 : 1분
휴식 시간 : 약 20초

상체를 구부려 발뒤꿈치를
견고하게 당겨 주세요.

추천 수련 시간 : 1분

휴식 시간 : 약 20초

눈, 얼굴, 목을 비롯하여
전신을 긴장시켜 주세요.

사자 자세

하품 자세

추천 수련 시간 : 1분

팔 다리를 펼치고 등을
최대한 늘려 주세요.

동작이 끝난 후에는 '시체 자세' 를 이용하여 휴식을 취해 주세요.

5분 프로그램 팁

1. 5분을 1세트로 하여 하루 3회 정도 수련하면, 좋은 효과를 거둘 수 있습니다.
2. 가능한 한 중간 과정의 자세보다는 최종 완성 자세에 더 많은 시간을 할애하는 것이 좋습니다.
3. 수련 자세가 비교적 단순하므로, 정확한 자세를 유지하는 것이 좋습니다.

여성의 에너지 대사를 촉진하는

배근 강화 자세

뷰티 목의 주름을 개선해 주는 요가 **힐링** 새우 등을 교정하고 여성의 에너지 대사를 촉진시켜 주는 요가

수련 시간 : 2~5분 이내 **적당한 횟수** : 1회~3회 이내
동작 팁 : 1~3분 휴식 시간을 두고 '수련-휴식-수련'

효과
❶ 등의 근육을 강화해 주고 등의 건강을 다스려 주는 동작입니다.
❷ 굽은 등과 목의 주름을 개선하여 젊어지는 데에 도움을 줍니다.
❸ 여성에게 좋은 동작으로, 여성의 생식 기능 향상에 효과적입니다.

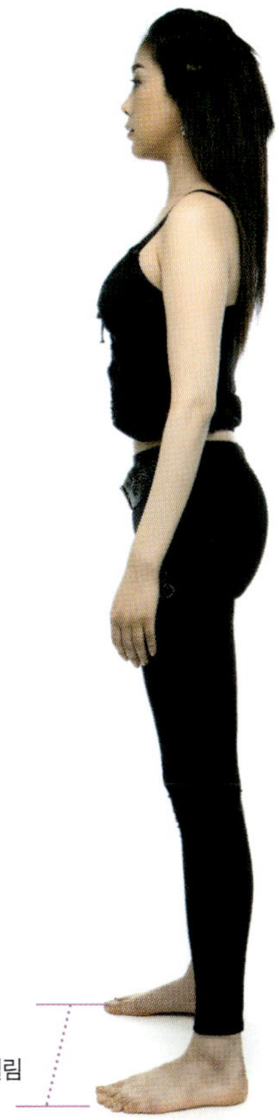

다리는
어깨 넓이로 벌림

1
다리를 어깨 넓이로 벌린 다음,
자연스럽게 섭니다.

발의 각도는 수평이거나
발끝이 약간 안쪽으로 모이게 함

2
금방 뛸 것처럼 주먹을 가볍게
쥐고 올린 후, 겨드랑이를 가볍게
조입니다.

3
고개와 등을 뒤로 젖혀 배근(등 근육)
전체를 자극합니다.

조심하세요

요추 과전만 환자는 가급적 수련하지 않는 것이 좋습니다.

호흡 요령

❶ 요가 시작 전, 3~5회의 심호흡 ❷ 동작 시작 직전, 입으로 천천히 숨을 내쉼.(날숨) ❸ 동작을 완성해 가면서 코로 숨을 들이마심.(들숨) ❹ 동작 완성 후, 약 30초~1분 정도 숨을 멈춤.(지식) ❺ 동작 완성 후, 일정 시간 지속하려면 자연 호흡(가능하면 태식 추천)으로 돌아감.

젊은 여성의 각선미를 위한

손발끝 당겨 쟁기 자세

뷰티 젊은 여성의 각선미를 가꾸어 주는 요가 **힐링** 어깨 뭉침 증상과 좌골신경통 해소에 좋은 요가

수련 시간 : 2~20분 이내 **적당한 횟수** : 2~5회 이내
동작 팁 : 1~3분 휴식 시간을 두고 '수련-휴식-수련'

효과
❶ 자신의 체중을 이용하여 어깨를 지압하는 동작으로, 견응증과 같은 어깨 뭉침 증상의 해소에 좋습니다.
❷ 좌골신경통의 해소에 효과적이며, 골반 교정 효과도 있습니다.
❸ 전신을 가장 길게 늘려 주는 동작으로 늘씬한 각선미를 만드는 데에 탁월한 효과가 있습니다.

1

바닥에 누워 무릎을 편 채로 다리를 서서히 들어올립니다.

2

들어올리는 다리가 골반과 수직을 이루면, 골반을 들어올려 발끝과 손끝이 위쪽에서 만나게 합니다.

3

손으로 발끝을 젖혀 머리 쪽으로 당깁니다.

조심하세요

턱 밑에 살이 많은 분은 질식에 주의하십시오.

호흡 요령

❶ 요가 시작 전, 3~5회의 심호흡 ❷ 동작 시작 직전, 코로 숨을 들이마심.(들숨) ❸ 동작을 완성해 가면서 입으로 천천히 숨을 내쉼.(날숨) ❹ 동작 완성 후, 약 30초~1분 정도 숨을 멈춤.(지식) ❺ 동작 완성 후, 일정 시간 지속하려면 자연 호흡(가능하면 태식 추천)으로 돌아감.

컴퓨터 증후군으로 휜 등을 위한

삼각형 자세

뷰티 하체 비만에 효과적인 요가 **힐링** 컴퓨터 증후군과 어깨 통증 해소에 좋은 요가

수련 시간 : 2~20분 이내 적당한 횟수 : 2~5회 이내
동작 팁 : 1~3분 휴식 시간을 두고 '수련-휴식-수련'

효과 ❶ 간단한 동작이지만 내장하수와 하체 비만 해소에 매우 좋습니다.
❷ 컴퓨터 사용으로 굳고 뭉친 어깨를 자신의 체중으로 지압하는 효과가 있습니다.
❸ 가사 노동으로 생긴 일과성 근육통에 효과적입니다.

1

바닥에 자연스럽게 누워 손바닥을 대고
무릎을 편 채로
다리를 들어올립니다.

2

90도 이상 다리를 들어올렸다면,
골반을 올려 머리 쪽으로 넘깁니다.

3

발끝이 바닥에 닿게 되면, 몸통을 손으로 밀어
주어 자세가 안정되도록 고정시킵니다.

4

만세를 하듯이 팔을 뻗어
자세를 완성합니다.

조심하세요

턱 밑에 살이 많은 분은 질식에 주의하십시오.

호흡 요령

❶ 요가 시작 전, 3~5회의 심호흡 ❷ 동작 시작 직전, 코로 숨을 들이마심.(들숨) ❸ 동작을 완성해 가면서 입으로 천천히 숨을 내쉼.(날숨) ❹ 동작 완성 후, 약 30초~1분 정도 숨을 멈춤.(지식) ❺ 동작 완성 후, 일정 시간 지속하려면 자연 호흡(가능하면 태식 추천)으로 돌아감.

바른 등과 목을 위한 코브라 자세

뷰티 목의 주름을 제거하고 탄력 있는 목을 만들어 주는 요가 **힐링** 척추를 바르게 하고 목덜미의 근육을 풀어 주는 요가

수련 시간 : 2~10분 이내 **적당한 횟수** : 1~3회 이내
동작 팁 : 1~3분 휴식 시간을 두고 '수련-휴식-수련'

효과
❶ 잘못된 자세 때문에 척추가 비뚤어진 분들에게 좋습니다.
❷ 장시간의 컴퓨터 작업으로 인해 목덜미가 무거운 분들에게 좋습니다.
❸ 등이 굽은 사람에게 좋으며, 목의 주름을 개선하는 데에 효과가 있습니다.

1

바닥에 자연스럽게 엎드립니다.

2

팔꿈치 앞쪽의 전완부만
바닥에 닿게 한 후,
상체를 세웁니다.

3

팔을 뻗어 상체를 최대한 세웁니다.

조심하세요

급격하게 반동을 주면서 수련하지 않도록 하십시오.

❶ 요가 시작 전, 3~5회의 심호흡 ❷ 동작 시작 직전, 입으로 천천히 숨을 내쉼.(날숨) ❸ 동작을 완성해 가면서 코로 숨을 들이마심.(들숨) ❹ 동작 완성 후, 약 30초~1분 정도 숨을 멈춤.(지식) ❺ 동작 완성 후, 일정 시간 지속하려면 자연 호흡(가능하면 태식 추천)으로 돌아감.

등과 가슴을 자극하는

깊은 코브라 자세

뷰티 등과 가슴을 자극하고 목의 주름을 없애 주는 요가 **힐링** 비뚤어진 목을 교정하고 목덜미를 시원하게 풀어 주는 요가

수련 시간 : 1회 수련 시 3~5분 이내 **적당한 횟수** : 3회 이내
동작 팁 : 1~3분 휴식 시간을 두고 '수련-휴식-수련'

효과
❶ 자세 불량으로 목이 비뚤어진 사람에게 좋습니다.
❷ 편도염, 기관지염, 만성 설사, 변비 등에도 좋습니다.
❸ 팽팽한 목을 만들어 주는 데에 효과가 있습니다.

1

바닥에 엎드려 전완부와 팔꿈치만으로 상체를 세웁니다.

2

팔을 뻗어 상체만 세웁니다.

3

고개를 뒤로 젖히고, 다리를 들어올립니다.

4

머리와 발끝의 간격이 최대한 가깝도록 하여 자세를 완성합니다.

조심하세요

자신의 몸이 가능한 부분까지 자세의 '힘든 정도'를 유지하는 것이 중요합니다.

호흡 요령

❶ 요가 시작 전, 3~5회의 심호흡 ❷ 동작 시작 직전, 입으로 천천히 숨을 내쉼.(날숨) ❸ 동작을 완성해 가면서 코로 숨을 들이마심.(들숨) ❹ 동작 완성 후, 약 30초~1분 정도 숨을 멈춤.(지식) ❺ 동작 완성 후, 일정 시간 지속하려면 자연 호흡(가능하면 태식 추천)으로 돌아감.

온몸의 라인을 한 동작으로

활 자세

뷰티 복부와 허벅지, 가슴을 동시에 가꿀 수 있는 요가 **힐링** 당뇨병 해소에 좋으며, 척추와 인대를 튼튼히 해 주는 활력 요가

수련 시간 : 2~10분 이내 **적당한 횟수** : 3~5회 이내
동작 팁 : 1~3분 휴식 시간을 두고 '수련-휴식-수련'

효과
❶ 유연성을 기르고 척추를 강화할 수 있는 가장 대표적인 요가 자세입니다.
❷ 단전과 배꼽 주변의 혈들을 자극하여 복부 다이어트에 도움을 줍니다.
❸ 탄력 있는 허벅지와 풍만한 가슴을 만들어 줍니다.

1

턱을 바닥에 대고, 무릎에서 다리를 접어 엉덩이 쪽으로 들어올립니다.

2

등 쪽으로 팔을 뻗은 다음, 손으로 발을 잡습니다.

3

활 시위를 당기듯이 몸을 뒤로 젖히고, 팔과 다리를 당겨 최대한 위로 들어올립니다.

조심하세요

요추 과전만 환자나 임산부는 가급적 수련하지 않는 것이 좋습니다.

호흡 요령

❶ 요가 시작 전, 3~5회의 심호흡 ❷ 동작 시작 직전, 입으로 천천히 숨을 내쉼.(날숨) ❸ 자세를 완성해 가면서 코로 숨을 들이마심.(들숨) ❹ 동작 완성 후, 약 30초~1분 정도 숨을 멈춤.(지식) ❺ 동작 완성 후, 일정 시간 지속하려면 자연 호흡(가능하면 태식 추천)으로 돌아감.

뒷모습에 자신감을 주는
날기 자세

뷰티 등 비만 해소에 좋고 뒷모습이 예뻐지는 요가 **힐링** 지구력과 정력의 강화에 좋은 요가

수련 시간 : 2~20분 이내 **적당한 횟수** : 2~5회 이내
동작 팁 : 1~3분 휴식 시간을 두고 '수련-휴식-수련'

효과
❶ 남성에게는 지구력을 길러 주고, 발기 불능에도 효과가 있습니다.
❷ 여성에게는 임신을 도와 주고, 피부를 곱게 해 줍니다.
❸ 척추의 인대와 근육을 튼튼하게 하여 요통을 예방해 주며, 변비에도 좋습니다.

1
턱을 바닥에 대고 엎드린 다음, 서혜부에
손을 받친 채 다리를 들어올립니다.

2
고개를 들어올립니다.
요가를 이제 시작하는 분은
이 상태에서 끝내도 무방합니다.

3
팔을 뻗어 자세를 완성합니다.
2단계가 익숙해지면, 3단계에서
끝내도 무방합니다.

4
팔을 뒤로 젖혀 본격적인
날기 자세를 만듭니다.
3단계와 4단계를 번갈아
수련하면 더욱 좋습니다.

조심하세요

요가 동작 도중 피로가 느껴지면 ,
충분히 휴식을 취한 후에 수련하는 것이 좋습니다.

호흡 요령

❶ 요가 시작 전, 3~5회의 심호흡 ❷ 동작 시작 직전, 입으로 천천히 숨을 내쉼.(날숨) ❸ 젖히는 동작을 완성해 가면서 코로 숨을 들이마심.(들숨) ❹ 동작 완성 후, 약 30초~1분 정도 숨을 멈춤.(지식) ❺ 동작 완성 후, 일정 시간 지속하려면 자연호흡(가능하면 태식 추천)으로 돌아감.

굽은 등을 바르게 교정해 주는
늑대 자세

뷰티 목의 주름과 팔뚝의 살을 동시에 잡는 다이어트 요가 **힐링** 심장과 심폐 기능을 강화해 주는 요가

수련 시간 : 동작 완성 후 1~3분 이내 **적당한 횟수** : 1~3회 이내
독학자를 위한 수련 팁 : 1~3분 휴식 시간을 두고 '수련-휴식-수련'

효과
❶ 폐와 심장의 기능을 강화하여 손발이 차갑거나 불면증을 해소하는 데에 도움을 줍니다.
❷ 목의 주름을 예방하고 개선해 줍니다.
❸ 팔의 안쪽을 자극하여 불필요한 살을 제거해 줍니다.

1
손바닥을 바닥에 대고
무릎을 꿇어 섭니다.

2
손끝의 방향을 몸 쪽으로 바꿉니다.

3
엉덩이를 점차 내려 발뒤꿈치 위에 앉습니다.
고개는 정면을 응시하고 등을 집어넣은 다음, 가슴을 활짝 펴 줍니다. 이 때, 손바닥 부분이 젖혀져 팔과 손목이 당겨지는 느낌이 들 것입니다.

조심하세요

손과 무릎의 간격에 주의하고 척추와 골격에 무리가 가지 않는 범위 내에서 수련하도록 하십시오.

호흡 요령

❶ 요가 시작 전, 3~5회의 심호흡 ❷ 동작 시작 직전, 코로 숨을 들이마심.(들숨) ❸ 발뒤꿈치에 앉으면서 팔과 등을 펴고, 자세 완성 직전까지 들이마심.(들숨) ❹ 동작 완성 후, 약 30초~1분 정도 숨을 멈춤.(지식) ❺ 동작 완성 후, 일정 시간 지속하려면 자연 호흡(가능하면 태식 추천)으로 돌아감. * 만일 뷰티 효과만 생각한다면, 호흡은 자연 호흡으로 진행해도 됨.

물살을 공략하는

전굴 자세

뷰티 물살이 많고 몸이 잘 붓는 사람을 위한 요가 **힐링** 척추 측만증 해소에 효과적인 요가

수련 시간 : 1~10분 이내 **적당한 횟수** : 제한 없음
동작 팁 : 1~3분 휴식 시간을 두고 '수련-휴식-수련'

효과
❶ 척추가 옆으로 휘어진 척추 측만증에 매우 좋은 동작입니다.
❷ 등줄기를 늘려 주는 동작으로, 등살이 많은 분들에게 좋습니다.
❸ 다리의 뒷부분을 자극하여 각선미를 가꾸는 데에 도움을 줍니다.
❹ 방광 경락을 자극하여 몸의 부기를 가라앉히는 데에 효과적입니다.

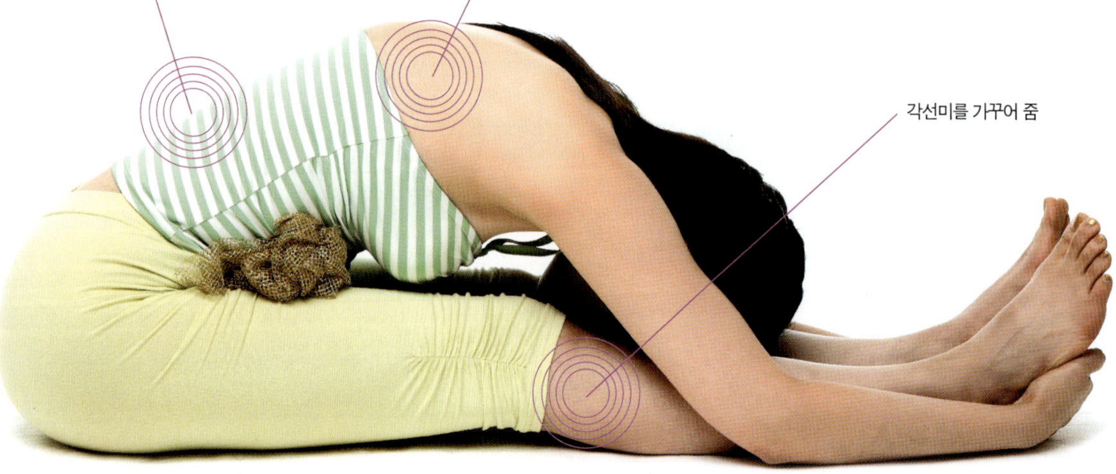

1

몸을 바르게 세우고 앉습니다.

2

발뒤꿈치 부분을 잡고 몸을 숙입니다.

3

몸을 최대한 구부려, 팔꿈치가 바닥에 닿도록 합니다.

조심하세요

몸의 유연성을 고려하여 수련하도록 하고, 무리한 반동은 주지 않는 것이 좋습니다.

호흡 요령

❶ 요가 시작 전, 3~5회의 심호흡 ❷ 동작 시작 직전, 코로 숨을 들이마심.(들숨) ❸ 동작을 완성해 가면서 입으로 천천히 숨을 내쉼.(날숨) ❹ 동작 완성 후, 약 30초~1분 정도 숨을 멈춤.(지식) ❺ 동작 완성 후, 일정 시간 지속하려면 자연 호흡(가능하면 태식 추천)으로 돌아감.

균형 잡힌 몸매와 맑은 피부를 위한

토끼 자세

뷰티 맑은 피부와 균형 잡힌 몸매를 위한 요가 **힐링** 불면증과 요통, 만성 피로에 시달리는 분을 위한 요가

수련 시간 : 1~10분 이내 **적당한 횟수** : 제한 없음

동작 팁 : 1~3분 휴식 시간을 두고 '수련-휴식-수련'

효과 ❶ 예민한 체질로 인한 불면증이나 만성 피로의 해소에 효과적입니다.
❷ 척추를 바로잡아 주고, 두통에도 좋습니다.
❸ 몸 전체를 늘려 주어 균형 있는 몸매를 만들어 줍니다.
❹ 편안한 휴식으로 맑은 피부를 가꿀 수 있습니다.

1
무릎을 꿇고 몸을 세워 앉습니다.

2
바닥에 손을 대고 상체를 구부려 머리를 바닥에 닿게 합니다.

3
발뒤꿈치를 최대한 당깁니다.

조심하세요

유연한 몸을 가진 사람을 위한 동작으로, 초보자에게는 어려울 수 있습니다. 몸의 유연성을 충분히 고려하여 수련하십시오.

호흡 요령

❶ 요가 시작 전, 3~5회의 심호흡 ❷ 동작 시작 직전, 코로 숨을 들이마심.(들숨) ❸ 동작을 완성해 가면서 입으로 천천히 숨을 내쉼.(날숨) ❹ 동작 완성 후, 약 30초~1분 정도 숨을 멈춤.(지식) ❺ 동작 완성 후, 일정 시간 지속하려면 자연 호흡(가능하면 태식 추천)으로 돌아감.

등을 펴 주고 쇄골 미인을 만들어 주는

낙타 자세

뷰티 쇄골이 예뻐지고 가슴이 풍만해지는 요가 **힐링** 굽은 등의 교정, 요실금의 해소, 정력 강화에 좋은 요가

수련 시간 : 1~5분 이내 **적당한 횟수** : 2~5회 이내
동작 팁 : 1~3분 휴식 시간을 두고 '수련-휴식-수련'

효과
❶ 컴퓨터 관련 업종에 종사하는 사람들의 굽은 등과 일자목 등의 직업병을 다스리는 데에 좋습니다.
❷ 여성의 요실금, 남성의 정력 감퇴를 개선해 줍니다.
❸ 어깨 뭉침을 풀어 주고 가슴을 발달시키며, 쇄골을 아름답게 만들어 줍니다.

1
몸통을 세운 채로
허리에 손바닥을 대고
무릎을 꿇어 앉습니다.

2
상체를 서서히 뒤로 젖힙니다.

3
시선은 정면에 고정하고 몸을 최대
한 뒤로 젖혀,
양 발을 손으로 짚습니다.

4
골반 부분을 내밀어 D자 모양이 되면,
턱을 들어 고개를 젖힙니다.

조심하세요

요추 과전만 환자는 가급적 수련하지 않는 것이 좋습니다.

호흡 요령

❶ 요가 시작 전, 3~5회의 심호흡 ❷ 동작 시작 직전, 입으로 천천히 숨을 내쉼.(날숨) ❸ 동작을 완성해 가면서 코로 숨을 들이마심.(들숨) ❹ 동작 완성 후, 약 30초~1분 정도 숨을 멈춤.(지식) ❺ 동작 완성 후, 일정 시간 지속하려면 자연 호흡(가능하면 태식 추천)으로 돌아감.

어깨는 좁게 하고 등은 펼쳐 주는

앵무새 자세

뷰티 어깨가 유난히 넓고 팔뚝 살이 많은 사람들을 위한 요가 **힐링** 일자목의 치료와 집중력 강화에 좋은 요가

수련 시간 : 1~10분 이내 **적당한 횟수** : 3회~5회 이내
동작 팁 : 1~3분 휴식 시간을 두고 '수련-휴식-수련'

효과
❶ 전신을 골고루 자극하여 인기가 많은 동작입니다.
❷ 어깨를 좁게 만들어 주며, 척추를 자극하여 일자목을 치료하는 데에 효과가 있습니다.
❸ 가슴의 근육을 발달시켜 풍만한 가슴을 만들어 줍니다.
❹ 체중이 팔과 발목에 집중되어 팔과 다리, 발목의 다이어트에 효과가 있습니다.

1
손바닥을 바닥에 대고
쪼그려 앉습니다.

2
발바닥과 손바닥이 바닥에서 떨어지지
않도록 주의하면서 골반을 들어올립니다.

3
골반을 최대한 들어올린 후,
뒤이어 발뒤꿈치를 들어올립니다.

조심하세요

1 | 골반과 발뒤꿈치는 많이 들어 줄수록 좋으며,
고개는 뒤로 젖혀 얼굴을 파묻지 않도록 주의하십시오.

2 | 이 동작은 호흡보다 정확한 자세가 중요합니다.

❶ 요가 시작 전, 3~5회의 심호흡 ❷ 자연스럽게 호흡 또는 동작 간에 지식(멈춤 호흡) ❸ 자연 호흡으로 자세를 완성 후, 약 30초~1분 정도 숨을 멈춤.(지식) 지식으로 자세를 완성했으면, 다음 항목으로 건너 뜀. ❹ 동작 완성 후, 일정 시간 지속하려면 자연 호흡(가능하면 태식 추천)으로 돌아감.

굽은 등을 펴 주고 동안을 만들어 주는

사자 자세

뷰티 젊음을 되찾게 하고 동안을 만들어 주는 요가 **힐링** 감기를 예방하고 예민한 신경을 다스리는 요가

수련 시간 : 2~10분 이내 **적당한 횟수** : 2~5회 이내
동작 팁 : 1~3분 휴식 시간을 두고 '수련-휴식-수련'

효과
❶ 입 냄새를 제거해 주고 목 안쪽을 튼튼하게 하여 편도선에 좋습니다.
❷ 주름을 개선하고 호르몬 분비가 활발해지는 효과가 있습니다.
❸ 척추를 최대한 긴장시켜 바른 자세를 만들어 줍니다.
❹ 안면 신경을 자극하여 탄력 있는 얼굴과 동안(童顔)을 만들어 줍니다.

1

무릎을 꿇고 자연스럽게 앉습니다.

2

열 손가락을 최대한 펼친 상태에서
바닥에 손을 댑니다.
이 단계에서 끝내도 됩니다.

3

발끝을 들어 주어 손과 무릎으로 선 모양을 만듭니다.
고개는 정면을 향하고, 상체의 중심은 앞쪽으로
이동합니다.

조심하세요

눈과 입을 최대한 벌려 주고, 혀는 혀 뿌리와 인후 부위까지 자극받도록 최대한 길게 뽑아 주어야 합니다. 이 때, 팔과 등골에 힘을 주는 것이 효과적입니다.

호흡 요령

❶ 요가 시작 전, 3~5회의 심호흡 ❷ 동작 시작 직전, 코로 숨을 들이마심.(들숨) ❸ 동작을 완성해 가면서 입으로 천천히 숨을 내쉼.(날숨) ❹ 동작 완성 후, 약 30초~1분 정도 숨을 멈춤.(지식) ❺ 동작 완성 후, 일정 시간 지속하려면 자연 호흡(가능하면 태식 추천)으로 돌아감.

등을 편안하게 해 주는
하품 자세

뷰티 노화를 방지하고 피부를 맑게 해 주는 요가 **힐링** 만성 피로를 말끔하게 제거해 주는 요가

수련 시간 : 1~5분 이내 **적당한 횟수** : 1~10회 이내
동작 팁 : 1~3분 휴식 시간을 두고 '수련-휴식-수련'

효과
❶ 쉬운 동작이지만, 노화를 방지하고 만성 피로에 좋습니다.
❷ 폐활량이 강화되어 피부가 맑아지고 전신에 활력을 불어넣어 줍니다.
❸ 근육과 혈관을 동시에 자극하여 신진대사를 활발하게 해 줍니다.

1
몸을 이완시키고,
자연스럽게 눕습니다.

2
눈과 입을 천천히 크게 벌려
낮은 숨을 뱉어 내면서
팔과 다리를 서서히 벌립니다.

3
눈과 입을 최대한 크게 벌려 턱을 든 상태로
팔과 다리를 펼칩니다.

조심하세요

동작을 완성한 후, '아아~' 하고 소리를 내면서 팔과 다리의 힘을 빼 주는 것이 중요합니다.

호흡 요령

❶ 요가 시작하기 전, 3~5회의 심호흡 ❷ 동작 시작 직전, 코로 숨을 들이마심.(들숨) ❸ 동작을 완성해 가면서 입으로 천천히 숨을 내쉼.(날숨) ❹ 동작 완성 후, 약 30초~1분 정도 숨을 멈춤.(지식) ❺ 지식 이후, 호흡을 풀어 탈력(脫力) 상태를 만듦. ❻ 시체 자세로 돌아가 자연 호흡(가능하면 태식 추천)

송규성과 함께하는 요가 칼럼 5

척추와 질병

척추와 질병의 관계

척추는 신체의 주축이 되는 조직 기관입니다. 요즘에는 운동 부족과 불량한 자세로 인해 척추 이상을 가진 사람이 많습니다. 잘못된 생활 습관에 의해 많이 발생하는 척추 왜곡은 우리가 흔히 알고 있듯이 척추 그 자체만의 문제가 아니라 여러 가지 질환과 상관성을 가지고 있습니다. 즉, 척추를 잘못 관리하면 질병에 걸리기 쉽다는 것입니다. 일본의 요가 연구가 히로이케 아끼꼬는 '척추를 곧게 하고 있으면, 어떤 병도 낫는다.'라고 하여 척추의 중요성을 강조한 바 있습니다.

척추의 마디별 이상이나 왜곡이 우리의 신체를 건강으로부터 멀어지게 만든다는 사실은 이미 많은 학술적 보고를 통해 알려져 있습니다. 저명한 척추 의사인, 칼 홀름퀘스트(DR. KARL V. HOLMQUIST)는 그의 저서인 『척추 건강 카이로프랙틱과 마음 활용』에서 그레이의 해부학 도표를 인용하여 다음과 같이 보고하고 있습니다. 다음은 척추 신경의 말단가지와 질병과의 관련성을 구분하여 정리해 놓은 것입니다.

★ 관련 척추(뼈) – 경추(목뼈) 1번 : 해당 부위는 뇌하수체선, 두피, 얼굴 뼈, 뇌, 내이와 중이, 교감 신경계이며, 영향과 증상으로는 두통, 신경과민, 불면증, 코감기, 고혈압, 편두통, 신경쇠약, 건망증, 현기증, 만성 피로가 있습니다.

★ 관련 척추(뼈) – 경추(목뼈) 2번 : 해당 부위는 눈, 시신경, 청신경, 정맥, 혀, 이마이며, 영향과 증상으로는 축농증, 앨러지(알레르기), 눈 주위의 통증, 귀앓이, 시력 장애, 사시, 귀먹음이 있습니다.

★ 관련 척추(뼈) – 경추(목뼈) 3번 : 해당 부위는 뺨, 외이, 얼굴 뼈, 치아이며, 영향과 증상으로는 신경통, 신경염, 여드름, 습진이 있습니다.

★ 관련 척추(뼈) – 경추(목뼈) 4번 : 해당 부위는 코, 입술, 입, 구씨관(유스타키오관)이며, 영향과 증상으로는 건초열, 콧물, 청력 감퇴, 인후, 편도선 증식, 비대증이 있습니다.

★ 관련 척추(뼈) – 경추(목뼈) 5번 : 해당 부위는 성대, 인두이며, 영향과 증상으로는 후두염, 목쉼이 있습니다.

★ 관련 척추(뼈) – 경추(목뼈) 6번 : 해당 부위는 목 근육, 어깨, 편도선이며, 영향과 증상으로는 뻣뻣한 목, 팔 윗부분의 통증, 편도선염, 위막성, 후두염, 만성 기침이 있습니다.

★ 관련 척추(뼈) – 경추(목뼈) 7번 : 해당 부위는 갑상선, 어깨의 활액낭, 팔꿈치이며, 영향과 증상으로는 감기가 있습니다.

★ 관련 척추(뼈) – 흉추(가슴 척추뼈) 1번 : 해당 부위는 손, 손목, 손가락을 포함한 팔꿈치, 팔 아랫부분, 식도와 기관지이며, 영향과 증상으로는 천식, 기침, 호흡 곤란, 가파른 호흡, 손과 팔 아랫부분의 통증이 있습니다.

★ 관련 척추(뼈) – 흉추(가슴 척추뼈) 2번 : 해당 부위는 심장, 관상동맥입니다.

★ 관련 척추(뼈) – 흉추(가슴 척추뼈) 3번 : 해당 부위는 폐, 기관지, 늑막, 흉부이며, 영향과 증상으로는 유행성 감기, 늑막염, 기관지염, 폐렴, 충혈이 있습니다.

★ 관련 척추(뼈) – 흉추(가슴 척추뼈) 4번 : 해당 부위는 쓸개이며, 영향과 증상으로는 황달과 대상포진이 있습니다.

★ 관련 척추(뼈) – 흉추(가슴 척추뼈) 5번 : 해당 부위는 간, 태양신경총, 혈액 순환이며, 영향과 증상으로는 발열, 혈압 문제, 약한 혈액순환, 관절염이 있습니다.

★ 관련 척추(뼈) – 흉추(가슴 척추뼈) 6번 : 해당 부위는 위이며, 영향과 증상으로는 위신경을 포함한 위장장애, 속쓰림, 소화 불량이 있습니다.

★ 관련 척추(뼈) – 흉추(가슴 척추뼈) 7번 : 해당 부위는 췌장이며, 영향과 증상으로는 위궤양이 있습니다.

★ 관련 척추(뼈) – 흉추(가슴 척추뼈) 8번 : 해당 부위는 비장이며, 영향과 증상으로는 낮은 저항력이 있습니다.

★ 관련 척추(뼈) – 흉추(가슴 척추뼈) 9번 : 해당 부위는 신장과 부신선이며, 영향과 증상으로는 앨러지(알레르기), 발진, 두드러기가 있습니다.

★ 관련 척추(뼈) – 흉추(가슴 척추뼈) 10번 : 해당 부위는 신장이며, 영향과 증상으로는 신장 장애, 동맥경화, 만성 피로, 신염, 신우염이 있습니다.

★ 관련 척추(뼈) – 흉추(가슴 척추뼈) 11번 : 해당 부위는 '신장, 요관' 이며, 영향과 증상으로는 여드름, 습진, 부스럼 등의 피부 상태가 있습니다.

★ 관련 척추(뼈) – 흉추(가슴 척추뼈) 12번 : 해당 부위는 소장, 임파순환이며, 영향과 증상으로는 류머티즘, 가스로 인한 통증, 불임이 있습니다.

★ 관련 척추(뼈) – 요추(허리 척추뼈) 1번 : 해당 부위는 대장이며, 영향과 증상으로는 변비, 대장염, 이질, 설사, 장 파열 또는 탈장이 있습니다.

★ 관련 척추(뼈) – 요추(허리 척추뼈) 2번 : 해당 부위는 충양돌기, 복부, 다리 윗부분이며, 영향과 증상으로는 경련(쥐), 호흡 곤란이 있습니다.

★ 관련 척추(뼈) – 요추(허리 척추뼈) 3번 : 해당 부위는 생식기, 자궁, 방광, 무릎이 있으며, 영향과 증상으로는 방광기에 생기는 질병, 심한 생리통 또는 생리불순, 수면 시 식은 땀, 무기력, 유산, 무릎 통증이 있습니다.

★ 관련 척추(뼈) – 요추(허리 척추뼈) 4번 : 해당 부위는 전립선, 아래 등 쪽의 근육, 좌골신경이 있으며, 영향과 증상으로는 좌골신경통, 요통, 힘들고 통증을 수반하는 잦은 배뇨, 등의 통증이 있습니다.

★ 관련 척추(뼈) – 요추(허리 척추뼈) 5번 : 해당 부위는 다리 아랫부분, 발목, 발이 있으며, 영향과 증상으로는 다리의 약한 혈액 순환, 부은 발목, 약한 발목, 약한 다리, 찬 발, 다리의 경련(쥐)이 있습니다.

★ 관련 척추(뼈) – 천추(엉치 척추뼈) : 해당 부위는 좌골, 엉덩이가 있으며, 영향과 증상으로는 척추 굴곡이 있습니다.

★ 관련 척추(뼈) – 미추(꼬리뼈) : 해당 부위는 직장, 항문이 있으며, 영향과 증상으로는 치질, 가려움증, 꼬리뼈의 통증이 있습니다.

Part 5

슬림한 엉덩이와 골반을 위한 요가

탄력 있는 엉덩이, 건강한 골반을 위한 5분 요가

이번 장에서는 인체의 중심이 되는 척추의 건강에 많은 도움을 줄 뿐만 아니라 비뇨 생식기의 기능을 강화하고 짝궁둥이나 짝다리를 예방하여 균형미가 돋보이는 몸매를 만드는 데에 탁월한 효과가 있는 요가 동작을 배워 보겠습니다.

5 Minutes

요가 동작을 시작하기 전에 몸을 충분히 풀어 주세요.

소머리 자세

추천 수련 시간 : 1분
휴식 시간 : 약 20초

무릎을 깊게 포개어 안정된 자세를 만들어 주세요.

길상 들기 자세

추천 수련 시간 : 1분
휴식 시간 : 약 20초

발바닥을 붙인 다음 중심을 잡아 들어 주세요.

곰 자세

추천 수련 시간 : 1분
휴식 시간 : 약 20초

골반만으로 균형을 잡아 몸을 세워 주세요.

추천 수련 시간 : 1분

자연스럽게 누워 발바닥을 서로 붙인 다음 만세를 불러 주세요.

골반 정리 자세

동작이 끝난 후에는 '시체 자세'를 이용하여 휴식을 취해 주세요.

5분 프로그램 팁

1. 5분을 1세트로 하여 하루 3회 정도 수련하면, 좋은 효과를 거둘 수 있습니다.
2. 가능한 한 중간 과정의 자세보다는 최종 완성 자세에 더 많은 시간을 할애하는 것이 좋습니다.
3. 수련 자세가 비교적 단순하므로, 정확한 자세를 유지하는 것이 좋습니다.

44

뭉친 엉덩이 살을 풀어 주는

무릎-귀 닿은 쟁기 자세

뷰티 등의 살을 빼고 예쁜 뒷모습을 만들기 위한 요가 **힐링** 이뇨 작용과 척추 협착증에 좋은 요가

수련 시간 : 1~5분 이내 **적당한 횟수** : 1~3회 이내
동작 팁 : 1~3분 휴식 시간을 두고 '수련-휴식-수련'

효과
❶ 소변을 잘 보지 못하는 분들에게 좋은 동작입니다.
❷ 척추 사이가 눌린 척추 협착증에 좋습니다.
❸ 뭉친 엉덩이 살을 풀어 둔부 비만 해소에 도움을 줍니다.

1
골반을 들어올려
삼각형 자세(쟁기 자세)를 만들고
손으로 허리 부분을 튼튼하게 받칩니다.

2
무릎을 최대한 구부려 무릎과 귀를 닿게 합니다.
가능하다면, 무릎이 바닥에 닿게 하는
동작도 시도해 보는 것이 좋습니다.

3
팔을 뻗어 안정된 자세를 만듭니다.

조심하세요

턱 밑에 살이 많은 분은 질식에 주의하십시오.

❶ 요가 시작 전, 3~5회의 심호흡 ❷ 동작 시작 직전, 코로 숨을 들이마심.(들숨) ❸ 쟁기 동작을 완성해 가면서, 입으로 천천히 숨을 내쉼.(날숨) ❹ 동작 완성 후, 약 30초~1분 정도 숨을 멈춤.(지식) ❺ 동작 완성 후, 일정 시간 지속하려면 자연 호흡(가능하면 태식 추천)으로 돌아감.

골반을 교정하는 길상 자세

뷰티 허벅지를 날씬하게 만들어 주는 요가 **힐링** 가장 편안한 방법으로 골반을 교정할 수 있는 요가

수련 시간 : 2~10분 이내 **적당한 횟수** : 제한 없음
동작 팁 : 1~3분 휴식 시간을 두고 '수련-휴식-수련'

효과
❶ 비뚤어진 골반을 바로잡는 가장 기초적인 자세입니다.
❷ 신장, 방광, 비뇨기, 생식기, 허리의 기능을 동시에 강화시켜 줍니다.
❸ 다리 안쪽의 경락을 자극하여 허벅지를 날씬하게 해 줍니다.

1

발바닥을 붙여
합척 상태로 앉습니다.

2

발끝 부분에 손깍지를 하여
자세를 고정합니다.

3

무릎의 바깥 부분이 바닥에 닿도록 합니다.

조심하세요

허리를 앞쪽으로 밀어넣어 등이 구부러지지 않게 하는 것이 중요합니다.

호흡 요령

❶ 요가 시작 전, 3~5회의 심호흡 ❷ 동작 시작 직전, 코로 숨을 들이마심.(들숨) ❸ 동작을 완성해 가면서 입으로 천천히 숨을 내쉼.(날숨) ❹ 동작 완성 후, 약 0초~1분 정도 숨을 멈춤.(지식) ❺ 동작 완성 후, 일정 시간 지속하려면 자연 호흡(가능하면 태식 추천)으로 돌아감.

엉덩이 살을 빼 주는

길상 들기 자세

뷰티 엉덩이 살을 줄여 탄력 있게 만들어 주는 요가 **힐링** 골반을 강화시켜 비뚤어지지 않게 도와 주는 요가

수련 시간 : 1~5분 이내 적당한 횟수 : 2~5회 이내
동작 팁 : 1~3분 휴식 시간을 두고 '수련-휴식-수련'

효과
❶ 길상 자세를 강화시킨 동작으로 골반이 비뚤어지지 않도록 도와 줍니다.
❷ 허리의 균형을 잡아 살이 찌지 않도록 하는 데에 효과적입니다.
❸ 엉덩이 지압 효과가 있어 뭉친 엉덩이 살을 분해하는 데에 좋습니다.

1

발바닥을 서로 붙인 다음,
발끝 부분에 손깍지를 하여 자세를 고정합니다.

2

무릎의 바깥 부분이 바닥에 닿게 하여
길상 자세를 만듭니다.

3

발을 감싸 쥔 손을 당겨 올립니다.

조심하세요

발을 들어올릴 때에 뒤로 넘어지지 않도록 주의합니다.

호흡 요령

❶ 요가 시작 전, 3~5회의 심호흡으로 신체를 충분히 이완시킴. ❷ 동작 시작 직전, 코로 숨을 들이마심.(들숨) ❸ 동작을 완성해 가면서 입으로 천천히 숨을 내쉼.(날숨) ❹ 동작 완성 후, 약 30초~1분 정도 숨을 멈춤.(지식)5) ❺ 동작 완성 후, 일정 시간 지속하려면 자연 호흡(가능하면 태식 추천)으로 돌아감.

48

생식 기능을 강화하는

골반 띄우기 자세

뷰티 허벅지 앞쪽의 각선미를 아름답게 가꿔 주는 요가 **힐링** 하체를 튼튼하게 해 주고 비뇨 생식기를 강화시켜 주는 요가

수련 시간 : 1~5분 이내 **적당한 횟수** : 2~5회 이내
동작 팁 : 1~3분 휴식 시간을 두고 '수련-휴식-수련'

효과
❶ 30대 이후의 남성과 여성에게 아주 좋은 동작입니다.
❷ 비뇨 생식기를 강하게 하여 남성의 정력 강화와 여성의 요실금에 좋습니다.
❸ 허리의 유연성과 골반의 힘을 강화시켜 줍니다.
❹ 허벅지 앞쪽의 살을 탄탄하게 만들어 주어 예쁜 각선미를 만들 수 있습니다.

1
바닥에 누워 다리를 어깨 넓이로 벌린 다음, 무릎을 세웁니다.

2
엉덩이를 들어올립니다.

3
몸통을 손으로 받쳐 어깨와 팔의 윗부분으로 지탱하고, 발끝을 들어올립니다.

조심하세요

무릎과 발등이 일직선이 되어야 효과를 기대할 수 있습니다.

❶ 요가 시작 전, 3~5회의 심호흡 ❷ 동작 시작 직전, 입으로 천천히 숨을 내쉼.(날숨) ❸ 동작을 완성해 가면서 코로 숨을 들이마심.(들숨) ❹ 동작 완성 후, 약 30초~1분 정도 숨을 멈춤.(지식) ❺ 동작 완성 후, 일정 시간 지속하려면 자연 호흡(가능하면 태식 추천)으로 돌아감.

골반 교정으로 옆구리와 허벅지 살을 빼 주는

골반 정리 자세

뷰티 옆구리와 허벅지 살을 쉽게 뺄 수 있는 요가 **힐링** 누운 상태로 골반을 교정하는 요가

수련 시간 : 1~5분 이내 **적당한 횟수** : 3~10회 이내

동작 팁 : 1~3분 휴식 시간을 두고 '수련-휴식-수련'

효과

❶ 비뚤어진 골반을 바로잡아 척추를 건강하게 해 줍니다.

❷ 비교적 쉬운 방법으로 골반을 교정할 수 있습니다.

❸ 옆구리와 허벅지 안쪽을 자극하여 살을 효과적으로 빼 줍니다.

❹ 체형을 적절하게 조절해 줍니다.

1

바닥에 누운 다음, 90도 정도 팔을 구부려
어깨 높이로 올립니다.

2

다리를 끌어당겨 무릎을 세웁니다.

3

팔은 만세하듯 위로 뻗치고 발바닥은 합척 자세를 만든 후,
무릎의 바깥 부분이 바닥에 닿게 합니다.

조심하세요

완성 자세에서 무릎이 바닥에서 떨어지지 않도록 주의합니다.
이 동작은 무릎이 최대한 바닥에 닿도록 하는 것이 중요합니다.

❶ 요가 시작 전, 3~5회의 심호흡 ❷ 동작 시작 직전, 코로 숨을 들이마심.(들숨) ❸ 동작을 완성해 가면서 입으로 천천히 숨을 내쉼.(날숨) ❹ 동작 완성 후, 약 30초~1분 정도 숨을 멈춤.(지식) ❺ 동작 완성 후, 일정 시간 지속하려면 자연 호흡(가능하면 태식 추천)으로 돌아감.

골반과 체형의 균형을 잡아 주는

곰 자세

뷰티 다리의 각선미를 살려 주는 요가 **힐링** 식욕 부진이거나 자세가 틀어진 사람을 위한 요가

수련 시간 : 1~5분 이내 **적당한 횟수** : 3~5회 이내
동작 팁 : 1~3분 휴식 시간을 두고 '수련-휴식-수련'

효과
❶ 식욕 부진으로 입맛이 없는 사람의 체질 개선에 좋습니다.
❷ 경락을 자극하여 신장, 방광, 간장 등의 기능을 강화해 줍니다.
❸ 다리를 위로 올려 균형을 잡는 동작으로, 하체 비만에 도움을 줍니다.

1
무릎을 세우고 앉아 양쪽 엄지발가락을
엄지손가락과 검지손가락으로 잡습니다.

2
어깨 넓이 이상의 간격으로
발을 앞쪽으로 밀어 냅니다.
이 때, 균형을 잃지 않도록 주의합니다.

3
골반의 아랫부분만으로 중심을 잡으면서
다리를 양쪽으로 벌립니다.

조심하세요

동작을 완성한 후, 다리의 높이가 서로 맞는지를 살펴봅니다.
이 동작은 양쪽 다리의 높이가 똑같도록 하는 것이 중요합니다.

❶ 요가 시작 전, 3~5회의 심호흡 ❷ 동작 시작 직전, 코를 통해 숨을 들이마심.(들숨) ❸ 동작을 완성해 가면서 입으로 천천히 숨을 내쉼.(날숨) ❹ 동작 완성 후, 약 30초~1분 정도 숨을 멈춤.(지식) ❺ 동작 완성 후, 일정 시간 지속하려면 자연 호흡(가능하면 태식 추천)으로 돌아감.

왜곡된 골반을 잡아 주는

삼각다리 눕기 자세

뷰티 가슴을 풍만하게 하고 뭉친 다리를 풀어 주는 요가 **힐링** 다리 굵기를 교정하고 초조와 불안을 해소해 주는 요가

수련 시간 : 1~10분 이내 **적당한 횟수** : 좌, 우 각 2~4회 이내
동작 팁 : 1~3분 휴식 시간을 두고 '수련-휴식-수련'

효과
❶ 다리를 꼬는 습관이 있는 사람에게 아주 좋은 골반 교정 동작입니다.
❷ 가슴을 확장시켜 심장과 폐를 강화하고 초조와 불안을 해소해 줍니다.
❸ 왜곡된 골반으로 인해 하체가 비만인 여성에게 아주 좋은 동작입니다.
❹ 가슴 근육을 자극하여 가슴을 풍만하게 하고 동시에 뭉친 다리 살을 풀어 줍니다.

1
발바닥을 붙여 합척 상태를 만듭니다.

2
한쪽 다리를 뒤로 빼어,
무릎의 안쪽이 바닥에 닿도록 합니다.

3
팔의 윗부분과 팔꿈치로 몸을 지지하고,
고개를 젖힙니다.

조심하세요

팔꿈치는 수직으로 세우고, 팔꿈치 사이는 조여 주는 느낌으로 간격을 줄여야 좋은 자세를 만들 수 있습니다.

❶ 요가 시작 전, 3~5회의 심호흡 ❷ 동작 시작 직전, 입으로 천천히 숨을 내쉼.(날숨) ❸ 동작을 완성해 가면서 코로 숨을 들이마심.(들숨) ❹ 동작 완성 후, 약 30초~1분 정도 숨을 멈춤.(지식) ❺ 동작 완성 후, 일정 시간 지속하려면 자연 호흡(가능하면 태식 추천)으로 돌아감.

처진 엉덩이를 위한
메뚜기 자세

뷰티 처진 엉덩이를 예쁘게 끌어올리는 요가 **힐링** 남성의 정력을 강화하고 허리를 튼튼하게 해 주는 요가

수련 시간 : 1~10분 이내 **적당한 횟수** : 3~5회 이내
동작 팁 : 1~3분 휴식 시간을 두고 '수련-휴식-수련'

효과
❶ 척추를 바르게 잡아 주기 때문에 요통을 예방할 수 있습니다.
❷ 기력 강화는 물론 빈뇨, 요실금 등의 예방과 치료에 효과가 있습니다.
❸ 여성에게는 아름다운 엉덩이를, 남성에게는 강한 정력을 선물합니다.

1
자연스럽게 엎드린 다음,
턱과 손바닥을 바닥에 붙입니다.

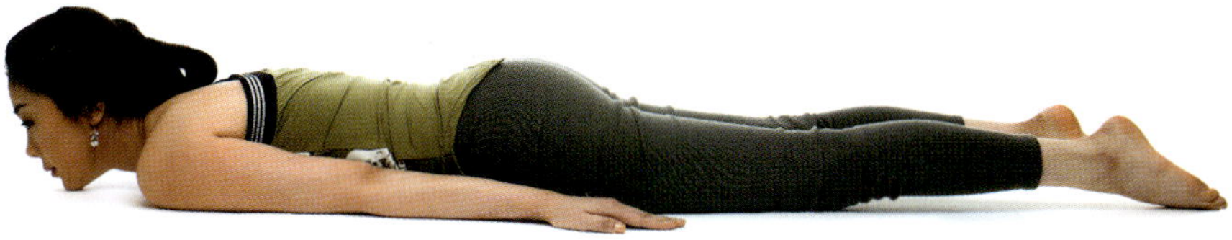

2
무릎을 편 상태에서
한쪽 다리를 위로 올립니다.

3
나머지 한쪽 다리를 올려붙입니다.

조심하세요

동작 간 반동은 금지합니다.

호흡 요령

❶ 요가 시작 전, 3~5회의 심호흡 ❷ 동작 간에 호흡에 크게 구애됨 없이 자연 호흡 또는 지식(멈춤, 호흡) ❸ 동작 완성 후, 약 30초~1분 내외로 정도 숨을 멈춤.(지식) ❹ 동작 완성 후, 일정 시간 지속하려면 자연 호흡(가능하면 태식 추천)으로 돌아감.

송규성과 함께하는 요가 칼럼 6

골반

바른 골반은 건강의 바로미터

현대 사회에서는 외모 또한 경쟁력이며 큰 자산입니다. 잘못된 생활 습관이 병리적(病理的)으로 진전되면, 짝짝이 가슴이나 균형이 다른 엉덩이(일명 짝궁뎅이)가 될 수 있습니다. 바지단 길이가 달라보이거나, 브래지어가 한쪽으로 돌아간다면 신체의 불균형을 의심해 볼 필요가 있습니다.
또한, 골반과 비만과의 상관성에 대해서도 여러 계통의 건강 전문가들이 언급을 하고 있는데, 국내의 많은 대체요법 연구가들은 물론이고, 가까운 일본의 자연요법 연구가들도 '비만의 원인이 골반에 있다.' 거나 '골반의 부정위가 만병의 근원이다.' 라는 주장을 하고 있습니다.

골반이 틀어지면 척추 윗부분도 틀어지기 쉽다.

골반(骨盤)은 '뼈의 밑받침'이라는 뜻을 가지고 있습니다. 척추는 인체의 주요 뼈대임에 틀림없지만, 골반이라는 토대 없이는 그 구조를 지탱하기 힘듭니다. 또, 골반이 비뚤어지면, 중심 골격인 척추가 구조의 중심을 잡기 위해 역학적으로 비뚤어질 수밖에 없습니다. 마치 어린이가 장난감 블록을 쌓을 때에 밑부분을 잘못 쌓으면 중심을 잡기 위해 윗부분도 비뚤게 쌓을 수밖에 없는 것처럼 말입니다.

짝어깨, 짝가슴, 짝다리, 짝궁둥이는 골반부터 바로잡아야

골반이 바르지 않아 인체의 중심 골격인 척추가 비뚤어지면, 짝어깨, 짝가슴, 짝다리, 짝궁둥이와 같은 증상이 나타나기 쉽습니다. 약간의 왜곡은 별 이상이 없는 것처럼 생각되기 쉽지만, 작은 원인이 나중에 큰 결과를 초래합니다. 작은 원인을 소홀히 할 수 없다는 것은 과학 이론에도 나타납니다. 작은 변화가 결과적으로 엄청난 변화를 초래할 수 있다는 나비 효과 이론(BUTTERFLY EFFECT : 중국 북경에 있는 작은 나비의 날개짓이 다음 달 뉴욕에 폭풍을 발생시킬 수 있다는 과학 이론)을 생각해 보면, 작은 골반의 문제가 건강 전반에 큰 영향을 끼칠 수 있다는 사실 또한 쉽게 유추해 낼 수 있습니다. 건강의 무너짐은 사소하게 생각하는 '자세'에서부터 비롯될 수 있으므로, 우리는 늘 자세의 중요성을 깨달아 골반의 균형을 유지하는 일에 많은 노력을 기울여야 합니다.

여성은 골반의 왜곡에 취약하다.

골반의 부정위는 운동이 부족하고, 근력이 약하며, 매력적인 포즈를 위해 다리를 자주 꼬는 여성에게 생기기 쉽습니다. 발에 맞지 않는 하이힐이 원인이 되는 경우도 있습니다. 남성의 경우에도 잘못된 TV 시청 자세나 수면 자세의 불량, 한쪽 다리를 꼬아 앉는 자세, 비딱하게 앉는 자세 등이 체형 변형의 주원인으로 작용합니다. 체형 왜곡이 운전사나 오너드라이버에게 많이 나타나는 이유는 차량 내에서의 생활이 운동 부족을 만들고, 그로 인해 근육이 약화된 상태에서 엑셀레이터와 브레이크를 불규칙적으로 사용하기 때문입니다. 따라서, 우리는 꼭 요가가 아니더라도 일상에서 자신의 체형 균형을 바로잡는 운동을 생활화하는 것이 좋습니다.

요가의 생활화는 질병에서 벗어나는 지름길

비뚤어진 골반을 방치하면, 척추의 배열이 지그재그 형식이 될 수 있습니다. 골반이 비뚤어지면 만성 변비, 신진대사 장애, 혈액 순환 이상, 수족냉증, 생리불순, 생리통이나 비뇨 생식기의 이상을 초래하기 쉽습니다. 심한 경우, 불임과도 연관될 수 있습니다. 따라서, 우리가 건강한 삶을 유지하는 데에는 운동을 생활화하는 것에 못지않게 바른 자세를 유지하려는 노력 또한 중요합니다. 요가는 올바르지 못한 자세의 교정에 탁월한 효과가 있는 운동이며, 균형과 조화의 개념을 바탕으로 최적화된 수련 체계이자, 이미 100만 명의 국내 인구가 요가를 선택할 만큼 그 우수성을 인정받은 프로그램입니다.

YOGA Q&A 3

요가, 이런 것이 궁금해요

질문 요가를 할 때에는 자신을 위대하게 생각하라고 하는데, 마음가짐이 그렇게 중요한가요?

요가 수련 시에는 자신을 고귀하게 여기는 마음 자세를 가지는 것이 좋습니다.다시 말해서, 자신(인간)은 우주의 축소판이며, 대자연의 일부이기 때문에 자신의 건강은 스스로 책임진다는 마음가짐으로 열과 성을 다하여 수련에 임하는 것이 좋습니다. 요가의 본질을 명상과 동일시하는 이유는 육체적 가치 못지 않게 함께 정신적 가치 또한 중요하기 때문입니다.

질문 요가는 꼭 시간을 정해 놓고 수련을 하여야 하는지요?

반드시 그래야만 하는 것은 아니지만, 마음이 쓰인다면 시간을 정해놓고 수련하는 것이 좋습니다. 피트니스 요가(현대적인 의미의 실용요가)는 특정한 시간을 정해 놓고 수련하지 않아도 되며, 종교적인 관점도 배제됩니다. 업무나 가사를 하는 중간 중간에 휴식을 겸하여 가볍게 수련하는 것도 좋습니다. 그렇지만 날마다 정해진 시간에 수련을 하게 되면, 정신적 안정감을 가질 수 있으며 규칙적이 되면 거부감 없이 요가를 일상적으로 수련할 수 있는 장점이 있습니다.

질문 요가 후에 힙합 댄스나 웨이트 트레이닝 같은 것을 해보고 싶습니다. 그런데 요가 수련 후에는 쉬어 주는 것이 좋다는 데 어떤가요?

요가 수련 후에는 가급적이면 정적(靜的)인 상태로 심신을 유지하는 것이 좋습니다. 수련 후, 시끄러운 자리에 참석하거나 가라앉혔던 몸과 마음을 흥분시키는 행동(이를테면 격렬한 스포츠)을 하면, 요가의 효과를 전혀 기대할 수 없습니다. 요가 수련을 단순히 운동 전, 스트레칭 정도의 단순한 목적으로 사용하는 것이 아니라면, 요가 수련 후에는 가급적 휴식을 하거나 숙면, 명상 등과 같은 행위를 통해 심신을 정적인 상태에로 유지하는 것이 좋습니다. 다도(茶道)를 하신다면, 따뜻한 한 잔의 차도 도움이 됩니다.

질문 요가에 입문해 보려는 사람입니다. 초보자인 제 눈에도 요가 자세에는 제가 하기에 쉬운 것과 어려운 것이 있던데, 좋은 효과를 원하면 꼭 어려운 자세를 해야 하는지요?

그렇지 않습니다. 요가를 오래 수련해 오신 분 중에도 유연성이 부족한 분들이 많은데, '이제 이런 정도의 요가 자세는 취해야 되지 않겠는가' 라고 생각하여 무리를 하시는 분들이 간혹 있습니다. 과유불급(過猶不及)이라는 말이 있습니다. 지나침은 모자람만 못합니다. 요가의 효과를 극대화하려면 우선 자신의 몸 상태를 알아야 합니다. 차근차근 단계를 밟아 나가다 보면 언젠가는 어려운 요가 자세에도 능숙하게 해 낼 수 있는 날이 올 것입니다.

Part 6

아찔한 모델의 다리를 선물하는

뷰티 요가

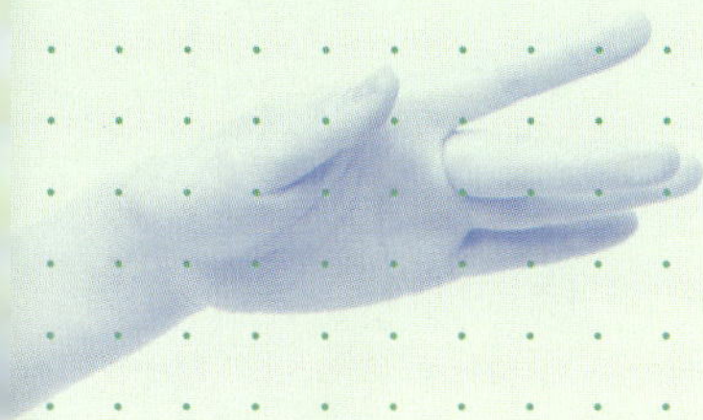

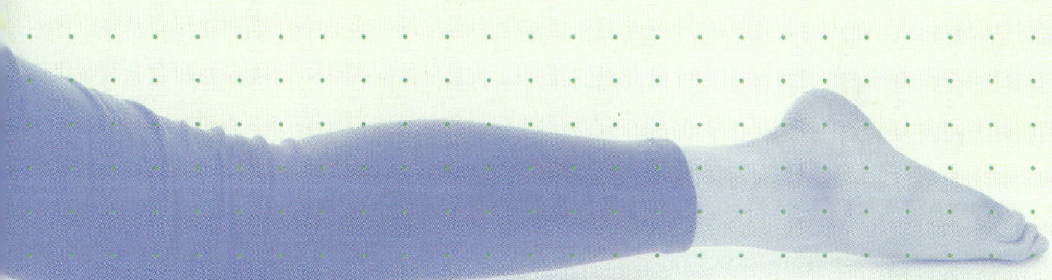

시원하고 늘씬한 각선미를 위한 5분 요가

이번 장에서는 다리의 근력을 발달시켜 다리를 탄력 있게 만들어 주고 지방 분해를 촉진해 주며, 신체의 체중과 중심을 이용하여 짜임새 있는 각선미를 만들어 주는 요가 동작을 배워 보겠습니다.

5 Minutes 요가 동작을 시작하기 전에 몸을 충분히 풀어 주세요.

추천 수련 시간 : 1분
휴식 시간 : 약 20초

한 발을 잡고 외다리로
중심을 잡고 서 주세요.

무용수 자세

추천 수련 시간 : 1분
휴식 시간 : 약 20초

나무 자세

합장은 몸의 중심선에 맞추고
한 발을 반대쪽 다리에 붙여 서 주세요.

천칭 자세

추천 수련 시간 : 1분

휴식 시간 : 약 20초

상체와 하체의 균형을 잡고 서 주세요.

박쥐 자세

추천 수련 시간 : 1분

팔과 다리를 모두 펼쳐 많은
경락을 소통시켜 주세요.

동작이 끝난 후에는 '시체 자세'를 이용하여 휴식을 취해 주세요.

5분 프로그램 팁

1. 5분을 1세트로 하여 하루 3회 정도 수련하면, 좋은 효과를 거둘 수 있습니다.
2. 가능한 한 중간 과정의 자세보다는 최종 완성 자세에 더 많은 시간을 할애하는 것이 좋습니다.
3. 수련 자세가 비교적 단순하므로, 정확한 자세를 유지하는 것이 좋습니다.

각선미에 딱 좋은

하늘 송곳 자세(어깨로 서기)

뷰티 아름다운 각선미와 고운 피부에 딱 맞는 요가 **힐링** 젊음과 탄력을 유지해 주는 요가

수련 시간 : 1~10분 이내 **적당한 횟수** : 1~3회 이내
동작 팁 : 1~3분 휴식 시간을 두고 '수련-휴식-수련'

효과
❶ 위 경락을 자극하여 생체 에너지의 흐름을 원활하게 해 줍니다.
❷ 내장 기관에 골고루 좋으며, 내장하수 증상에도 탁월한 효과가 있습니다.
❸ 갑상선을 자극하여 다이어트에 도움을 줍니다.

1

바닥에 누운 다음,
무릎을 편 상태에서 양다리를 들어올립니다.

2

발끝이 엉덩이 부분을 지나가면,
골반을 들어올립니다.

3

발끝을 모아 송곳 모양을 만든 다음, 하늘을 찌르듯이 세우고
몸통을 손으로 받칩니다.

조심하세요

안압이 높거나 고혈압인 분은 너무 오랫동안 수련하지 않는 것이 좋습니다.

호흡 요령

❶ 요가 시작 전, 3~5회의 심호흡 ❷ 동작 시작 직전, 코로 숨을 들이마심.(들숨) ❸ 동작을 완성해 가면서 입으로 천천히 숨을 내쉼.(날숨) ❹ 동작 완성 후, 약 30초~1분 정도 숨을 멈춤.(지식) ❺ 동작 완성 후, 일정 시간 지속하려면 자연 호흡(가능하면 태식 추천)으로 돌아감.

붓는 다리를 위한 하늘 겨누기 자세(외다리 송곳)

뷰티 골반을 교정하고 다리의 각선미에 좋은 요가 **힐링** 내장 강화와 붓는 다리에 좋은 요가

수련 시간 : 1~10분 이내
적당한 횟수 : 다리를 교대로 바꾸어 각 3~10회 이내
동작 팁 : 1~3분 휴식 시간을 두고 '수련-휴식-수련'

효과
❶ 직업상 계속 서서 활동하는 사람의 붓는 다리에 좋습니다.
❷ 위장, 대장 등의 내장을 튼튼하게 하는 데에 좋은 동작입니다.
❸ 혈관이 울퉁불퉁한 모양으로 변형되는 정맥류의 예방과 치료에 도움이 됩니다.
❹ 비뚤어진 골반을 바르게 잡아 주고, 각선미를 가꾸는 데에 효과적입니다.

1

바닥에 누워 양 다리를 들어올린 다음,
발끝이 엉덩이 부분을 지날 때
골반을 들어올립니다.

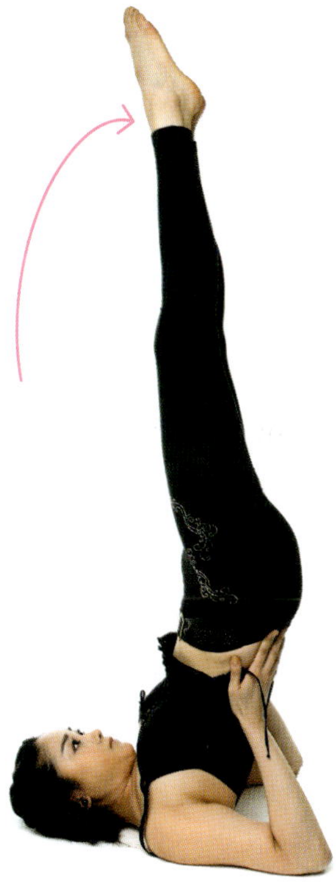

2

어깨와 손을 이용하여 몸통을 받친 다음,
다리를 세웁니다.

엉덩이 부분이 최대한 늘어나도록 함

3

'하늘 송곳 자세'가 완성되면, 한 다리를 무릎에서 접어 자세를 완성합니다.

조심하세요

안압이 높거나 고혈압이 있는 분은 너무 오랫동안 수련하지 않는 것이 좋습니다.

호흡 요령

❶ 요가 시작 전, 3~5회의 심호흡 ❷ 동작 시작 직전, 코로 숨을 들이마심.(들숨) ❸ 동작을 완성해 가면서 입으로 천천히 숨을 내쉼.(날숨) ❹ 동작 완성 후, 약 30초~1분 정도 숨을 멈춤.(지식) ❺ 동작 완성 후, 일정 시간 지속하려면 자연 호흡(가능하면 태식 추천)으로 돌아감.

우아하고 날씬한 다리를 위한

가위 자세

뷰티 모델과 같은 날씬한 다리를 만들어 주는 요가 **힐링** 좀 더 적극적으로 다리의 부기를 빼기에 좋은 요가

수련 시간 : 제한 없음 **적당한 횟수** : 다리를 교대로 각각 3~10회 이내
동작 팁 : 1~3분 휴식 시간을 두고 '수련-휴식-수련'

효과
❶ '송곳 자세'와 '하늘겨누기 자세'보다 좀 더 빠른 효과를 거둘 수 있는 동작입니다.
❷ 하체의 피로를 풀어 주고, 혈액 순환을 촉진시켜 줍니다.
❸ '큰 근육 다리 운동'으로, 모델과 같은 각선미를 가꾸는 데에 도움이 됩니다.

1

바닥에 누워 양 다리를 들어올린 다음,
발끝이 엉덩이 부분을 지날 때
골반을 들어올립니다.

2

다리를 모아 송곳 모양을 만든 다음,
어깨와 손을 이용하여 몸통을 받칩니다.

3

다리를 가위 모양으로 벌립니다.
반대쪽도 병행하여야 합니다.

조심하세요

같은 간격의 시간과 운동 폭으로 다리를 교차해 주는 것이 좋습니다.
들숨 후 호흡을 멈추고 수련하면 고혈압 환자는 위험할 수 있습니다.

호흡 요령

❶ 요가 시작 전, 3~5회의 심호흡 ❷ 동작 시작 직전, 입으로 숨을 내쉼.(날숨) ❸ 동작 완성 후, 다리를 교차할 때 가급적 숨을 멈춤.(지식) ❹ 지식이 힘들면, 자연 호흡으로 실시해도 무방함.

56

굵은 허벅지를 팽팽하게
박쥐 자세

뷰티 허벅지 다이어트에 도움을 주는 요가 **힐링** 간장, 비장, 신장을 강화해 주는 요가

수련 시간 : 1~5분 이내 **적당한 횟수** : 제한 없음
동작 팁 : 1~3분 휴식 시간을 두고 '수련-휴식-수련'

효과 ❶ 내장 기관의 경락을 자극하여 생체 에너지의 흐름을 원활하게 해 줍니다.
❷ 허벅지를 직접 자극하기 때문에 하체 다이어트에 매우 효과적입니다.

1

바닥에 앉은 후,
다리를 일자로 뻗습니다.

2

그 상태에서 손가락을 조금씩
몸에서 멀어지게 합니다.

3

발끝을 손끝으로 잡습니다.

조심하세요

동작의 완성도가 떨어진다고 해서 억지로 반동을 이용하면, 인대나 근육에 손상을 입을 수도 있습니다.

호흡 요령

❶ 요가 시작 전, 3~5회의 심호흡 ❷ 동작 시작 직전, 코로 숨을 들이마심.(들숨) ❸ 동작을 완성해 가면서 입으로 천천히 숨을 내쉼.(날숨) ❹ 동작 완성 후, 약 30초~1분 정도 숨을 멈춤.(지식) ❺ 동작 완성 후, 일정 시간 지속하려면 자연 호흡(가능하면 태식 추천)으로 돌아감.

젊음을 돌려 주는 독수리 자세

뷰티 노화를 막고 피부를 탄력적으로 만들어 주는 요가 **힐링** 갱년기를 극복하고 젊음을 되찾아 주는 요가

수련 시간 : 3~10분 이내 적당한 횟수 : 좌, 우 각 3회 이상
동작 팁 : 1~3분 휴식 시간을 두고 '수련-휴식-수련'

효과 ❶ 혈액 순환을 원활하게 하여 노화를 예방하고 수족 냉증과 무릎 관절염 치료에 도움을 줍니다.
❷ 어깨의 혈액 순환을 돕고, 폐를 튼튼하게 해 줍니다.
❸ 노폐물을 제거하여 맑고 탄력 있는 피부를 가꿔 줍니다.

1

선 자세로 한 다리를 앞으로 내고,
팔을 교차할 준비를 합니다.

2

팔과 다리를 서로 교차시킵니다.

3

팔을 교차하여 손가락이 모인 모양
(새의 부리 모양)을 만들어 줍니다.

4

자세가 완성되면,
팔꿈치가 하체에 가깝도록
중심을 낮춥니다.

조심하세요

너무 높은 자세가 되지 않도록 주의하십시오.

호흡 요령

❶ 요가 시작 전, 3~5회의 심호흡 ❷ 동작 시작 직전, 코로 숨을 들이마심.(들숨) ❸ 동작을 완성해 가면서 입으로 천천히 숨을 내쉼.(날숨) ❹ 동작 완성 후, 약 30초~1분 정도 숨을 멈춤.(지식) ❺ 동작 완성 후, 일정 시간 지속하려면 자연 호흡(가능하면 태식 추천)으로 돌아감.

전신 다이어트에 좋은 천칭 자세

뷰티 다리를 중심으로 한 전신 다이어트에 도움을 주는 요가 **힐링** 등과 척추의 근력을 키워 주는 요가

수련 시간 : 2~5분 이내 **적당한 횟수** : 좌우 2~5회 이내
동작 팁 : 1~3분 휴식 시간을 두고 '수련-휴식-수련'

효과
❶ 평형 감각을 길러 주고 등과 척추의 근력을 키워 줍니다.
❷ 모든 장기를 자극하여 내장 기관을 튼튼하게 해 줍니다.
❸ 다리를 중심으로 전신을 단련하기 때문에 체형을 바로잡는 데에 효과적입니다.

1
다리를 어깨 넓이로 벌린 후, 검지손가락을 곧게 펴 총을 쏘는 듯한 모양으로 맞잡은 손을 하늘을 향해 뻗습니다.

2
서서히 팔을 내리면서 한쪽 다리를 올려 균형을 잡습니다.

3
팔과 다리의 균형을 잡습니다.

조심하세요

자세를 너무 빨리 만들려고 하는 것 보다는 중심을 유지하면서 최대한 완성도 있는 동작을 만드는 것이 중요합니다.

호흡 요령

❶ 요가 시작 전, 3~5회의 심호흡 ❷ 자연스러운 호흡 또는 동작 간에 지식(멈춤 호흡) ❸ 동작 완성 후, 약 30초~1분 정도 숨을 멈춤.(지식) ❹ 동작 완성 후, 일정 시간 지속하려면 자연 호흡(가능하면 태식 추천)으로 돌아감.

균형 있는 체형과 각선미에 좋은

나무 자세

뷰티 아름다운 각선미와 생기 있는 눈을 만들어 주는 요가 **힐링** 초조와 불안, 화병에 탁월한 효과가 있는 요가

수련 시간 : 2~10분 이내 적당한 횟수 : 좌, 우 각 2~5회 이내
동작 팁 : 1~3분 휴식 시간을 두고 '수련-휴식-수련'

효과
❶ 몸 안의 기를 순환시켜 화병과 불안 증세, 그리고 수면 장애를 해소해 줍니다.
❷ 균형 감각과 집중력을 키우는 데에 효과적입니다.
❸ 근력을 강화시켜 노화를 방지하고 각선미를 가꾸는 데에 좋습니다.

1

자연스럽게 선 후, 한쪽 다리를 접어 발바닥을
다른 다리의 허벅지 안쪽에 붙이고,
가슴 앞에서 합장 자세를 취합니다.

합장은 몸의 정중앙선에 맞춤

무릎은 골반과 나란하게 함
(앞쪽을 향하지 않게)

합장한 손을 몸의 정중앙선에 맞춰 올림

팔꿈치는
최대한 펼침

2

팔을 위로 뻗어 올립니다.

조심하세요

**무릎을 구부린 쪽의 발바닥이 지탱하고 있는
다리의 허벅지 안쪽에서 미끄러지지 않도록 주의하십시오.**

호흡 요령

❶ 요가 시작 전, 3~5회의 심호흡 ❷ 동작 시작 직전, 코로 숨을 들이마심.(들숨) ❸ 동작을 완성해 가면서 입으로 천천히 숨을 내쉼.(날숨) ❹ 동작 완성 후, 약 30초~1분 정도 숨을 멈춤.(지식) ❺ 동작 완성 후, 일정 시간 지속하려면 자연 호흡(가능하면 태식 추천)으로 돌아감.

집중력과 각선미에 좋은

무용수 자세

뷰티 아름다운 각선미를 만들어 주는 요가 **힐링** 내장 기관 강화와 집중력 향상에 좋은 요가

수련 시간 : 2~10분 이내 **적당한 횟수** : 좌, 우 각 2~5회 이내

동작 팁 : 1~3분 휴식 시간을 두고 '수련-휴식-수련'

효과
❶ 중심을 잡는 동작으로 뇌와 척수 신경의 기능을 좋게 합니다.
❷ 뇌와 신체의 협응력과 집중력을 길러 줍니다.
❸ 울퉁불퉁한 겉 근육이 아닌, 속 근육을 발달시켜 각선미를 가꾸어 줍니다.

1

선 채로 한쪽 다리를 접어,
해당 쪽의 손으로 잡습니다.

처음 다리를 들어올릴 때
팔을 뻗어 중심을 잡아 줌

2

다리를 손을 당겨
들어올립니다.

15도

자세 완성 후, 팔을 15도 정도
올려 눈의 시선과 손끝을 맞춤

3

무릎을 뒤로 당겨 시위를 당긴 활 모양을
만들고, 팔을 올려 중심을 잡습니다.

조심하세요

무릎 관절염, 하지부종, 요추 과전만 환자는 수련을 하지 않는 것이 좋습니다.

호흡 요령

❶ 요가 시작 전, 3~5회의 심호흡 ❷ 동작 시작 직전, 입으로 천천히 숨을 내쉼.(날숨) ❸ 동작을 완성해 가면서 코로 숨을 들이마심.(들숨) ❹ 동작 완성 후, 약 30초~1분 정도 숨을 멈춤.(지식) ❺ 동작 완성 후, 일정 시간 지속하려면 자연 호흡(가능하면 태식 추천)으로 돌아감.

긴 팔다리를 위한

아치 자세

뷰티 길고 날씬한 팔다리를 만들어 주는 요가 **힐링** 의욕 부진과 전신 무력증을 치료해 주는 요가

수련 시간 : 1~5분 이내 **적당한 횟수** : 2~10회 이내
동작 팁 : 1~3분 휴식 시간을 두고 '수련-휴식-수련'

효과
❶ 매너리즘에 빠져 의욕이 부족하고 전신이 무력한 사람에게 활기를 줍니다.
❷ 온몸을 자극하기 때문에 성인 남녀 모두에게 매우 좋은 동작입니다.
❸ 폐를 튼튼하게 해 주고, 전신의 혈액 순환을 원활하게 해 줍니다.
❹ 팔, 허리, 다리 등의 전신 다이어트에 좋습니다.

1
바닥에 누운 다음, 손바닥과 발바닥이 닿도록 팔꿈치와 무릎을 세웁니다.

2
몸을 바닥으로부터 서서히 밀어 올립니다.

3
몸을 바닥으로부터 최대한 밀어 올립니다.

4
몸을 최대한 밀어 올렸으면 발뒤꿈치를 올립니다.

조심하세요

척추의 유연성이 좋지 않은 사람은 초기부터 과도하게 젖히지 않는 것이 좋습니다.

❶ 요가 시작 전, 3~5회의 심호흡 ❷ 동작 시작 직전, 코로 숨을 들이마심.(들숨) ❸ 동작을 완성해 가면서 입으로 천천히 숨을 내쉼.(날숨) ❹ 동작 완성 후, 약 30초~1분 정도 숨을 멈춤.(지식) ❺ 동작 완성 후, 일정 시간 지속하려면 자연 호흡(가능하면 태식 추천)으로 돌아감. * 자연 호흡이 편한 분은, 피트니스 스타일인 자연호흡으로 수련해도 무방함.

다리 옆면을 예쁘게

다리 띄워 모으기 자세

뷰티 옆구리와 다리의 측면 다이어트에 좋은 요가 **힐링** 변비를 해소하고 허리를 강화시켜 주는 요가

수련 시간 : 1분 이상 **적당한 횟수** : 좌, 우 각각 3~10회 이내
동작 팁 : 1~3분 휴식 시간을 두고 '수련-휴식-수련'

효과
❶ 대장을 자극하여 숙변을 제거하고 피부를 매끄럽게 해 줍니다.
❷ 허리의 주변 근육을 강화시켜 줍니다.
❸ 옆구리와 다리 옆쪽의 살을 빠지게 하여 날씬한 몸매를 만들어 줍니다.

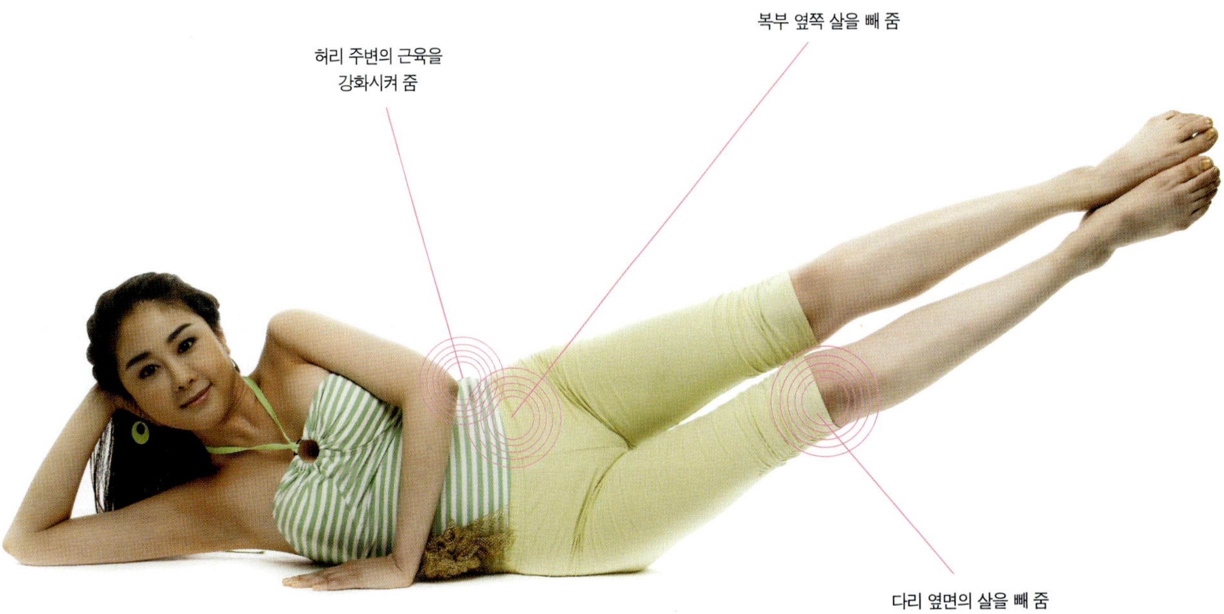

1

TV를 볼 때처럼 옆으로 눕습니다.

2

위쪽의 다리를
편 상태를 들어올립니다.

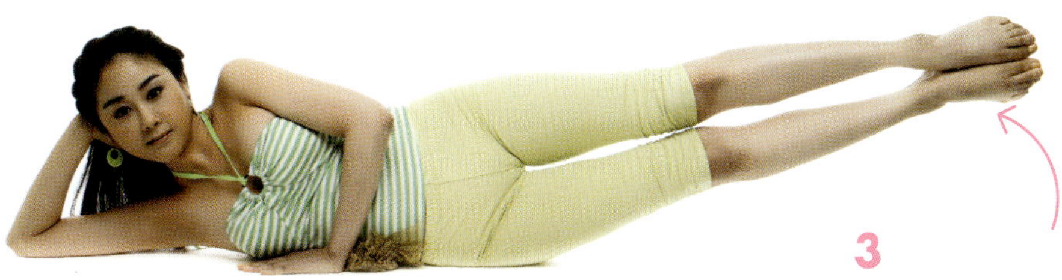

3

아래쪽 다리를 올려 위쪽의 다리에 붙입니다.
반대편도 병행해 주세요.

조심하세요

다리를 들어올릴 때에 옆쪽으로 들어올려지는 것이 좋은 모양이며, 가급적 앞쪽으로 치우치지 않도록 주의하십시오.

호흡 요령

❶ 요가 시작 전, 3~5회의 심호흡 ❷ 자연스러운 호흡 또는 동작 간에 지식(멈춤 호흡) ❸ 동작을 완성했으면 약 30초~1분 정도 숨을 멈춤.(지식) 지식으로 자세를 완성했으면, 다음 항목으로 건너 뜀. ❹ 동작 완성 후, 일정 시간 지속하려면 자연 호흡(가능하면 태식 추천)으로 돌아감.

안짱다리를 교정해 주는

다리 모아 만세 자세

뷰티 안짱다리를 교정해 주는 요가 **힐링** 하지 무력감을 예방하고 치료해 주는 요가

수련 시간 : 1~5분 이내 적당한 횟수 : 1~10회 이내
동작 팁 : 1~3분 휴식 시간을 두고 '수련-휴식-수련'

효과
❶ 다리와 골반 안쪽을 연결하는 근육을 자극하여 하지 무력감을 치료해 줍니다.
❷ 위 경락을 자극하여 소화 기능을 원활하게 해 줍니다.
❸ 옆구리의 쓸개 경락을 자극하여 지방을 분해해 주는 작용을 하기 때문에 다이어트에 도움을 줍니다.
❹ 다리 안쪽의 조여 주는 힘을 키워 안짱다리를 예방하거나 치료해 줍니다.

1

바닥에 편안하게 누운 다음,
다리를 어깨 넓이 이상으로 벌립니다.

2

팔과 다리를 활짝 펼쳐
만세 자세를 취합니다.

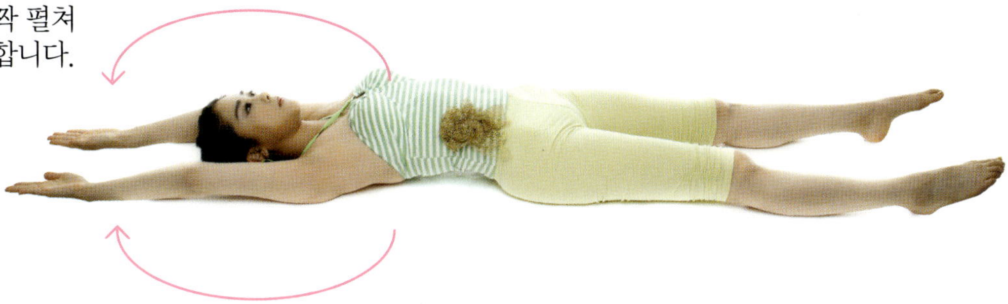

엄지발가락 쪽이 바닥에
닿을수록 좋음

3

발끝을 최대한 안쪽으로 당깁니다.

조심하세요

팔이 귀에 닿도록 하고 다리 간격은 어깨 넓이 이상으로 해야 효과를 극대화할 수 있습니다.

호흡 요령

❶ 요가 시작 전, 3~5회의 심호흡 ❷ 동작 시작 직전, 입으로 천천히 숨을 내쉼.(날숨) ❸ 동작을 완성해 가면서 코로 숨을 들이마심.(들숨) ❹ 동작 완성 후, 약 30초~1분 정도 숨을 멈춤.(지식) ❺ 지식 이후, 호흡을 풀어 탈력(脫力) 상태를 만듦. ❻ 시체 자세(과정 1번 동작)로 돌아가 자연 호흡(가능하면 태식 추천)

종아리 미용 효과가 탁월한

발끝 당겨 만세 자세

뷰티 종아리를 날씬하게 만들어 주는 요가 **힐링** 몸이 잘 붓거나 뚱뚱한 사람을 위한 요가

수련 시간 : 1~5분 이내 **적당한 횟수** : 1~10회 이내
동작 팁 : 1~3분 휴식 시간을 두고 '수련-휴식-수련'

효과
❶ 신장과 방광이 좋지 않아 몸이 잘 붓는 사람에게 좋습니다.
❷ 등줄기를 자극하여 이뇨 작용을 돕고, 수분 대사가 활발하도록 도와 줍니다.
❸ 종아리 뭉침을 풀어 주고, 날씬하게 만들어 줍니다.

1

바닥에 자연스럽게 누운 다음,
다리를 어깨 넓이 정도로 벌립니다.

2

팔과 다리를 길게 펼쳐
누운 만세 자세를 만듭니다.

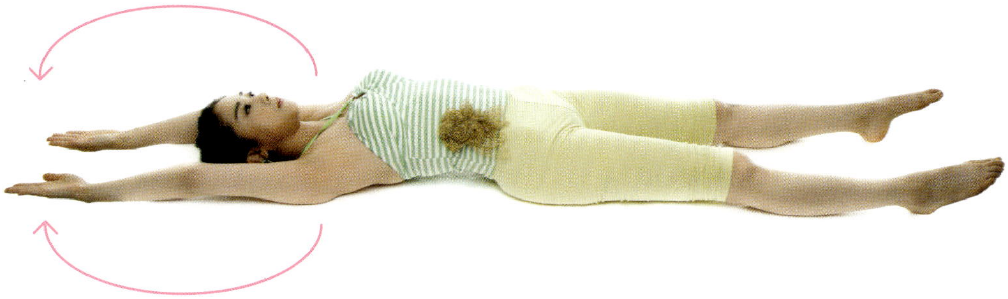

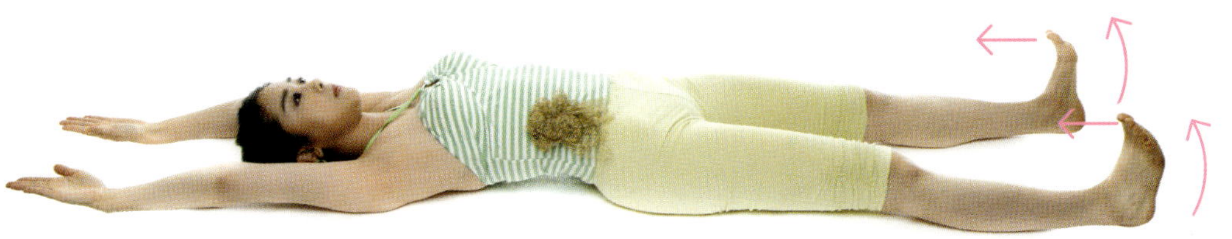

3

발끝을 올려 머리 쪽으로 최대한 당깁니다.

조심하세요

양쪽 팔은 귀에 밀착시키고, 발끝을 몸 쪽으로 당겨 올릴 때에 종아리 부분에 당기는 느낌이 있는지 확인하세요.

❶ 요가 시작 전, 3~5회의 심호흡 ❷ 동작 시작 직전, 입으로 천천히 숨을 내쉼.(날숨) ❸ 동작을 완성해 가면서 코로 숨을 들이마심.(들숨) ❹ 동작 완성 후, 약 30초~1분 정도 숨을 멈춤.(지식) ❺ 지식 이후, 호흡을 풀어 탈력(脫力) 상태를 만듦. ❻ 시체 자세(과정 1번 동작)로 돌아가 자연 호흡(가능하면 태식 추천)

송규성과 함께 하는 요가 칼럼 7

혈액 순환 장애

혈행 장애(血行障碍)와 혈액 환류(血液還流)의 이해

심장이 약한 사람은 혈액 순환이 잘 되지 않습니다.

혈액은 심장에서 뿜어져 나와 동맥을 타고 다리로 내려가며, 말초 순환계를 거쳐 정맥을 통해 다시 심장으로 돌아옵니다. 이것이 바로 순환기의 '환류(還流) 과정'입니다. 심장의 기능이 약한 사람은 일반적으로 혈액 순환이 잘 안되는 경우가 많습니다. 물론, 선천적(先天的)인 경우도 있고, 후천적(後天的)인 경우도 있습니다.

남자는 여자에 비해, 스포츠맨은 일반인에 비해 심장이 큽니다.

평균적으로 말할 때, 남성은 여성에 비해 심장의 기능이 생리학적으로 강하며 실제로 심장의 크기도 큽니다. 운동 선수는 평소 지속적인 운동을 통해 심장을 강화하여왔으므로, 일반인에 비해 심장이 강하고, 심장의 크기도 큰 경우가 많습니다. 이른바 '스포츠 심장'이 그것입니다. 그렇기 때문에 스포츠맨은 '혈행(血行) 장애' 있어서 일반인에 비해 상대적으로 자유로운 경향이 있습니다. 하지만, 기계에도 '고성능'이라는 것이 있기 때문에 심장의 크기가 작더라도 정기적인 운동을 통해 혈행(血行)은 좋아질 수 있습니다.

요가로 심장을 보호하고 심장 기능을 좋게 해 주는 것도 가능해

일생을 거쳐 단 1분도 쉬지 못하는 심장은, 그야말로 불쌍한 존재입니다. 그런데 우리는 이렇듯 불쌍한 심장에게 부담을 주는 경우가 많습니다. 과도한 음주, 초조 불안 등의 스트레스, 기름진 음식(고콜레스테롤)의 섭취 등 혈관의 탄력성을 잃게 하는 많은 행위들이 바로 그것입니다. 혈액의 질을 개선해 주고, 혈관의 탄력성을 좋게 해 주면, 심장의 건강도 좋아질 수 있습니다.

요가는 칼로리를 소모하여 혈액의 질을 개선하고 신체의 각 부분을 다각적으로 자극할 수 있도록 구성되어 있기 때문에 혈관의 탄력성을 개선해 주어 심장의 건강까지 도모할 수 있습니다. 참고로, 요가가 고혈압에 효과가 있다는 사실은 이미 널리 알려져 있습니다.

요가, 이런 것이 궁금해요

질문 요가를 같이 시작했던 사람들보다 못하고 있습니다. 이렇게 늦는데 소질이 없는 걸까요?

요가 수련자는 자신을 남과 비교하지 않는 것이 좋습니다. 요가 수련인의 마음가짐으로는 '타인과 나를 비교하지 말고, 경쟁하지 않는 것' 입니다. 요가 행법(요가 수행법)은 신체와 마음을 다스리는 수행 체계입니다. 비교와 경쟁은 사회에서의 경쟁만으로도 충분하지 않을까요? 요가 세계 선수권 대회에 나갈 목적이 아니라면, 남과 비교하여 과도한 동작을 취하는 것은 어리석은 행동입니다. 남에게 보이기 위해 요가를 하는 것이 아니라, 몸이 건강해지기 위해서 수련하는 것임을 명심해야 합니다.

질문 저는 몸의 불균형이 심해요. 보통사람처럼 그냥 요가를 해도 될까요?

신체의 불균형이 있으면 그것도 감안하는 것이 좋습니다. 가급적이면, 자신의 생활 습관이나 현재 체형의 불균형도에 맞추어 개인 처방을 받는 것이 좋습니다. 신체의 왜곡이나 불균형이 있으면 특정한 동작이 안 되거나 무척 힘들어집니다. 이럴 경우, 응용 동작의 요가나 신체의 불균형을 바로잡는 맞춤 요가 처방을 받는 것이 좋습니다. 일반적으로 행해지는 주입식 학원 교육은 신체의 불균형이 없고, 질환이 없는 상태를 전제로 진행되는 것이므로 신체적 특이사항이 있다면, 의사나 요가 전문가의 조언을 구하는 것이 현명합니다.

질문 요가 수련에 좋은 시간과 나쁜 시간이 특별히 있는지요?

일반적으로 피트니스 요가의 수련 시간에는 제한이 없습니다. 그렇지만, 가급적 밤 10시에서 새벽 4시 사이에는 수련을 피하는 것이 좋습니다. 밤 10시에서 새벽 4시 사이의 수면은 뇌의 휴식에 절대적으로 필요합니다. 피로 회복과 간장의 건강을 위해서는 이 시간대의 수면은 그 무엇보다 중요합니다. 또한 이 시간대에는 성장 호르몬의 분비가 이루어지므로 아직 성장이 끝나지 않은 청소년이라면 이 시간대의 수련은 더더욱 삼가야 합니다.

질문 아로마향을 좋아해 수련 중 조금 진하게 피워둡니다. 괜찮을까요?

좋은 냄새든 나쁜 냄새든 향이 너무 강한 것은 명상이나 집중에 방해가 됩니다. 예를 들어, 향이 진한 향수가 있다고 가정해 봅시다. 개인에게는 각자의 취향이 있기 때문에 그 향을 좋아하지 않는 사람에게는 악취일 수도 있습니다. 보다 높은 차원에서 요가는 명상(瞑想)과 동의어로 쓰이는데, 향이 명상에 방해가 된다고 보는 것은 생각을 한 방향으로 몰고 갈 수 없기 때문입니다. 배가 고플 때에 찌개 냄새를 맡게 되면, 머리에 가득차게 되는 것처럼 특정의 향은 요가나 명상을 방해할 수 있습니다.

Appendix 1

깊이 있는 요가를 위한

변형 요가

'종달새 자세'와 '백로 자세'의 변형

비둘기 자세

'종달새 자세'나 '백로 자세'의 효과를 똑같이 기대할 수 있는 자세 중의 하나입니다. 특히, '비둘기 자세'는 몸의 앞쪽과 옆쪽을 동시에 자극하기 때문에 위 경락과 쓸개 경락에 있는 생체 에너지의 흐름을 원활하게 해 주며, 소화 촉진, 가슴 발육 촉진, 하지 다이어트, 시력 개선, 견배통 완화에 효과가 있습니다.

1
뒤쪽 다리를 접은 후, 팔을 이용하여 고정합니다.

2
고정한 다리를 끌어당기면서 상체를 최대한 세웁니다.

3

들어올린 다리를 팔꿈치 부분으로 고정한 채, 머리 뒤로 손깍지를 합니다.

고개를 돌려 정면을 바라보기 전
팔꿈치와 발의 고정 자세가 불안정하면
동작이 순간적으로 풀릴 수 있습니다.

4

팔과 다리의 자세가 안정되어 중심이 흔들리지 않으면, 고개를 돌려 시선을 반대로 고정시킵니다.

조심하세요

고도의 유연성을 요구하는 동작이기 때문에 몸이 충분히 이완된 상태에서 수련을 해야 합니다.

Page '종달새 자세' 는 60쪽, '백로 자세' 는 62쪽에 있습니다.

'날기 자세'의 변형

밸런스 날기 자세

'날기 자세'의 한 단계 높은 동작으로, 운동 신경을 조절해 주고 몸의 균형을 잡는 데에 도움을 주는 동작입니다. '날기 자세'를 마스터한 분들에게 좋으며, '밸런스 날기 자세'는 '날기 자세'와 같은 쪽의 손발, 교차 손발을 붙잡아 중심을 잡는 균형 요가 행법입니다. 중심을 잡고 자신의 신체적 밸런스를 충분히 확보하면서 다른 한편으로는 근력을 이용하여 한 팔과 한 다리를 공중에 띄워야 하기 때문에 동작이 매우 어렵습니다.

밸런스 날기 자세 1 - 편측 팔다리 고정

1
'날기 자세'를 취합니다.

2
같은 쪽 팔다리를 붙잡아
활 자세 모양으로 고정합니다.
다른 쪽의 뻗은 팔다리로 균형과
중심을 잡아 주는 동작입니다.

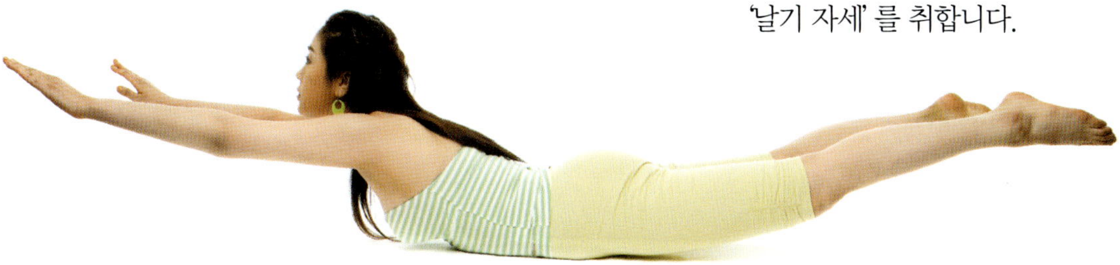

1
'날기 자세' 를 취합니다.

2
교차한 쪽의 팔과 다리를 붙잡아
'활 자세' 모양으로 고정합니다.
다른 쪽의 뻗은 팔다리로
균형과 중심을 잡아 주는 동작입니다.

Page '날기 자세' 는 138쪽에 있습니다.

'반 활 자세'의 변형

반 활 자세 좌법

'활 자세'와 관련하여 여러 동작을 배우고 싶은 분을 위해 고안된 자세입니다. '반 활 자세'의 일종으로, 앉은 상태에서 '활 자세'를 취하는 '반(半) 활 좌법'입니다. 고관절(허벅지 관절)을 강하게 자극하며, 동시에 다리 앞쪽과 허리의 유연성을 길러 줍니다. '종달새 자세'나 '백로 자세'와 함께 수련하면, 더 큰 효과를 거둘 수 있습니다.

1
발바닥을 붙이고 '길상 자세'로 앉습니다.

2
한쪽 다리를 뒤로 보내어 곧게 뻗습니다.

3

뻗은 다리의 무릎을 접어 세운 후,
한쪽 팔로 붙잡아 당겨 올립니다.

4

두 팔을 이용하여 자세를 고정합니다.

조심하세요

요추 과전만 환자나 의사에 의해 척추와 관련된 요가 수련을 하지 말 것을 권고 받은 분들은 수련하지 않는 것이 좋습니다.

Page '반 활 자세' 는 64쪽에 있습니다.

'물고기 자세'의 변형

역(逆) 물고기 자세

'역 물고기 자세'는 '물고기 자세'와 흡사하나, 상체를 띄워 '브이 자세' 유형처럼 골반만으로 중심을 잡는 방법입니다. 하체를 띄우는 것까지는 '낮은 브이 자세'와 비슷하지만, 무릎을 펼치지 않아도 되기 때문에 더 쉽게, 오랜 시간 동안 수련할 수 있습니다. 따라서, '브이 자세'보다는 난이도가 낮은 행법이며, '낮은 브이 자세'와 병행하면 시너지 효과를 기대할 수도 있습니다. 단, 팔은 옆으로가 아니라 앞으로 뻗은 모양이어야만 합니다.

1
'브이 자세'의 완성 동작을 취한 상태에서
무릎을 살포시 접어 힘을 뺍니다.
(이 때, 다리를 바닥에 내려놓으면 안 됩니다.)

2
다리는 1단계에서 완성한 그대로 두고,
팔만 약 35~45도 정도 들어올립니다.

Page '물고기 자세'는 54쪽에 있습니다.

'길상 자세'의 변형

누운 길상 자세

'누운 길상 자세'는 고관절의 기능 개선에 도움을 줄 뿐만 아니라 골반을 교정하는 효과가 있습니다. 그 밖의 효과는 '길상 자세'와 같습니다.
누운 상태에서 발바닥을 붙이고 합척 상태(발바닥을 붙인 상태)를 만든 다음, 손으로 합척 부분을 잡아당기면서 무릎 부분을 몸에서 바깥쪽으로 최대한 밀어 내고, 합척 부분을 당깁니다. '길상 자세'를 조금 더 편하게 해 보고 싶은 분들에게 권합니다.

1
'시체 자세'를 만듭니다.

2
다리를 들어올려 합척 상태를 만든 후, 손깍지를 하여 발날을 잡습니다.

3
무릎을 합척 상태로 만든 후, 발날을 당기고 무릎을 펼쳐 수평으로 만듭니다.

Page '길상 자세'는 164쪽에 있습니다.

'토끼 자세'의 변형

역(逆) 토끼 자세

'흔들의자 자세'는 체형 밸런스를 바로잡아 주는 효과가 있습니다. 척추의 부정 배열을 바로잡는 효과가 있기 때문에 척추 부정렬 증상(척추 배열이 바르지 않은 증상)이 초기일 경우에는 스스로 척추 교정이 되는 효과가 있습니다. 또, 독맥과 방광 경락을 자극하여 양기강화(陽氣强化), 거습(祛濕), 이뇨(利尿), 다이어트에 도움을 줍니다.

1
무릎 뒤의 오금 부분에 팔깍지를 한 후, 다리를 들어올립니다.

2
그 상태로 지면에 등을 둥굴리면서 다리를 움직여 탄력으로 일어나는 동작을 반복합니다. 5~10분 정도, 호흡과 관계없이 몸을 굴려 줍니다. 요가 동작은 반동을 일반적으로 금지하고 있는데, 이 자세는 예외입니다. 반동을 이용해도 위험할 것이 없기 때문입니다.

주의하세요

등에 살이 없어 척추가 아픈 분은 얇은 쿠션을 대고 수련하면 됩니다. 그러나 쿠션이 너무 두꺼우면, 효과가 줄어든다는 점을 염두에 두시기 바랍니다.

편하다면 무릎의 앞쪽을 잡고 동작해도 무방함

Page '토끼 자세'는 144쪽에 있습니다.

'비틀기 합장 자세'의 변형

다양한 비틀기 자세

직립 보행을 하는 인간은 네발을 가진 동물에 비해 상대적으로 척추가 약할 수밖에 없습니다. 또한 문명의 이기(利器)로 인해, 운동량이 적어진 현대인에게 있어 요통은 일종의 '문명병'이라고 말할 수 있습니다. 운동 부족으로 생긴 근력의 약화와 잘못된 생활 습관에서 비롯된 체형의 왜곡으로 생긴 요통은 꾸준한 운동과 자세 교정으로 다스릴 수밖에 없습니다. 비틀기 자세류는 허리의 기능을 좋게 하여 요통에 효과적입니다.
이번에는 '비틀기 합장 자세'의 형제격이 되는 요가 자세들로써 요통에 좋은 몇 가지 자세를 소개하려 합니다. 기대 효과는 '비틀기 합장 자세'와 흡사하며, '비틀기 합장 자세'가 조금 어렵게 느끼지는 분들에게 도움이 될 것입니다.

'비틀기 자세' 1

1
왼쪽 다리는 '책상다리'를,
오른쪽 다리는 '무릎 안다리'를
만들어 앉습니다.

2
무릎 안다리를 만든 오른쪽 다리의 경골(다리뼈)을 붙잡고 몸을 최대한 비틀어 돌립니다.
이 때, 고개와 몸이 돌리는 방향으로 많이 돌아가도 괜찮으며, 몸을 비틀면서 돌릴 때에 날숨을 쉬면 됩니다.

조심하세요

편중된 자세이므로, 다리를 바꾸어 반대 자세도 수련하는 것이 좋습니다.

1
왼쪽 다리는 '책상다리'를, 오른쪽 다리는 '무릎 안 다리'를 만들어 앉습니다.

2
몸을 왼쪽으로 비틀어, 왼손으로 오른쪽 다리의 발을 당기고, 오른손으로는 왼쪽 책상다리의 대퇴골, 그 중에서도 무릎 앞쪽 부위를 당깁니다. 이 때, 고개와 몸이 돌리는 방향으로 많이 돌아가도 괜찮으며, 몸을 비틀면서 돌릴 때에 날숨을 쉬면 됩니다.

조심하세요

편중된 자세이므로, 다리를 바꾸어 반대 자세도 수련하는 것이 좋습니다.

1
왼쪽 다리는 펼치고, 오른쪽 다리는 왼쪽 다리를 넘겨 세웁니다.

2
넘어간 오른쪽 다리를 팔꿈치로 당기면서 몸을 비틉니다. 몸을 비틀면서 돌릴 때에 날숨을 쉬면 됩니다.

조심하세요

편중된 자세이므로, 다리를 바꾸어 반대 자세도 수련하는 것이 좋습니다.

Page '비틀기 합장 자세' 는 96쪽에 있습니다.

'메뚜기 자세'의 응용

다양한 메뚜기 자세

'메뚜기 자세'를 취하는 방법에는 여러 가지가 있습니다. 다음에 소개하는 동작은 서혜부 밑에 손을 두고 다리를 들어 올리는 방식입니다. 어느 자세를 취해도 효과는 비슷하므로 초심자 분들은 자신이 편한 자세를 골라 수련하시기 바랍니다.

'메뚜기 자세' 변형 1

1
서혜부 밑에 손을 받칩니다.

2
다리 하나를 들어올립니다.

3
나머지 다리를 들어올려 붙입니다.

'메뚜기 자세' 변형 2

'메뚜기 자세'가 조금 익숙해지면, 근력이 붙게 됩니다. 한 다리씩 올리는 동작이 쉽게 느껴지는 분들을 위한 방식입니다.

1
바닥에 손바닥을 낸 상태로 엎드립니다.

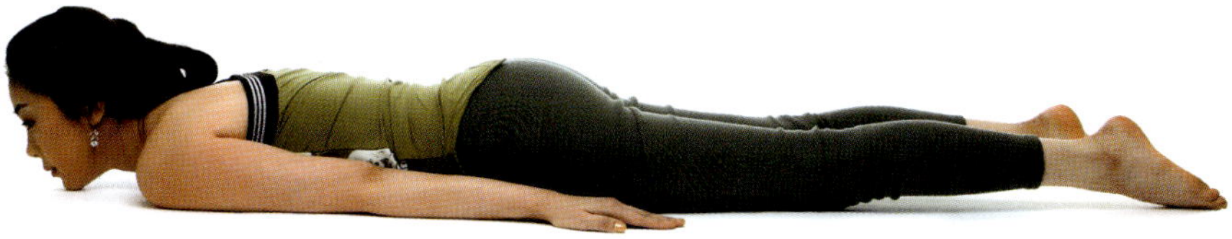

2
하체를 바닥으로부터 밀어 냅니다.

3
하체를 바닥으로부터
최대한 멀리 밀어 냅니다.

Page '메뚜기 자세'는 176쪽에 있습니다.

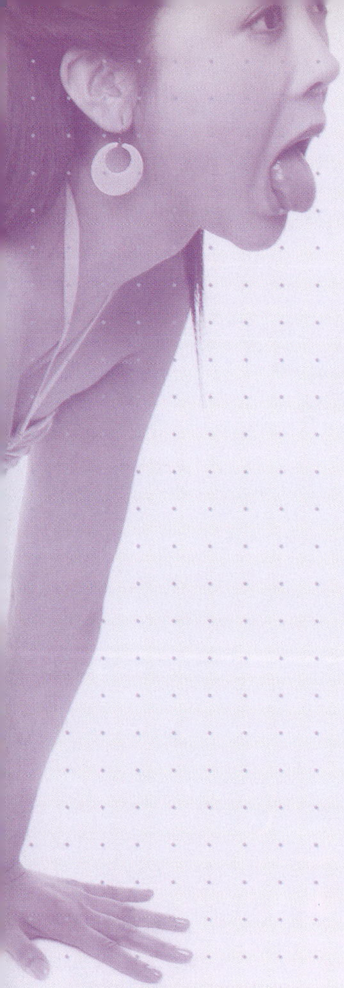

Appendix 2

생동감을 불어넣어 주는

다이내믹 요가

다이내믹 요가를 위한 준비

손목 풀기 체조

'늑대 자세'는 팔의 비만을 해소해 주는 데에 도움을 주지만, 충분한 워밍업 과정 없이 무리하게 수련을 하면 손목에 손상을 입을 수 있습니다. 따라서, 자세를 취하기 전후에 손목을 충분히 움직여 주는 것이 좋습니다.

손의 안쪽이 아니라 바깥쪽 인대를 더 늘려 주는 이유는 대부분의 요가 동작이 손목 안쪽을 사용하는 경우가 많기 때문에 양쪽의 밸런스를 맞추어 주기 위함입니다. 그렇다고 손목의 바깥쪽만 스트레칭해서는 안 되며, 안쪽도 함께 병행하는 것이 좋습니다.

1
의자나 방석에 앉아 두 팔을 펼친 채로 손목을 바깥쪽으로 돌려 손목 인대를 스트레칭합니다.

2
그런 다음, 팔꿈치를 구부린 상태에서 손목을 구부려 스트레칭합니다.

활 자세의 변형

다이내믹 활 자세

'다이내믹 활 자세'는 '활 자세'가 가지고 있는 고유 효과를 배가시킬 뿐만 아니라 근력과 중심 감각도 아울러 기를 수 있는 우수한 수련 방식입니다. 복부 장기가 무력한 분이나 장이 약한 분, 복부 비만인 분은 한번쯤 시도해 보시기 바랍니다. '활 자세'를 마스터한 분으로써 정지 동작은 너무 재미없다고 생각하시는 분에게는 이 자세를 권합니다. '활 자세 흔들의자' 라고도 불리는 이 동작은 '활 자세'를 취한 후, 앞뒤로 배를 굴려 '흔들의자의 움직이는 모양'을 흉내내는 것입니다. 몸의 중심이 틀어진 분이 이 동작을 수행하면, 몸이 한쪽으로 쏠려 넘어지기 쉬우므로, 이 행법을 통해 움직임의 중심을 바로잡는 노력을 하게 됨으로써 체형을 교정하고 균형을 되찾는 효과를 거둘 수 있습니다.

1
발목을 붙잡은 후, 붙잡은 부위를 당겨 '활 자세'를 만듭니다.

2
상체를 더욱 강하게 당겨 올리면서 다리를 버텨 상체를 끌어당깁니다.

3
다리를 더욱 강하게 당겨 올리면서 상체 쪽으로 중심을 옮깁니다.

Page '활 자세'는 136쪽에 있습니다.

'가래 자세'의 변형

다이내믹 가래 자세 1

이 '다이내믹 가래 자세 1, 2'는 복부의 윗부분과 아랫부분, 옆 부분에 이르기까지 골고루 복근을 자극, 발달시켜 내장을 튼튼히 단련해 주는 강장(強臟) 효과가 있습니다. 또한, 복부 주변의 둘레 근육(일명 코르셋 근육)들을 발달시켜 퇴행성 요통이나 강직성 요통에 긍정적인 효과가 있을 뿐만 아니라 좌골신경통(坐骨神經痛)과 요통의 완화는 물론 굳어 있는 허리의 근육들을 적절하게 움직여 줌으로써 강직성 척추증과 척추 협착증을 개선하는 효과가 있습니다. 단, 이 동작을 행할 때에는 급작스러운 반동을 주지 말고 천천히 진행해야 합니다.

1
먼저, '90도 쟁기 자세'를 취합니다.

2
15~30도 정도로 좌측 또는 우측으로 서서히 내립니다.

3

정면으로 원위치합니다.

4

15~30도 정도로 우측 또는 좌측으로 서서히 내립니다.

Page '가래 자세'는 110쪽에 있습니다.

'가래 자세'의 변형

다이내믹 가래 자세 2

'다이내믹 요가 자세'는 일명 '요가 체조'라고 불리는 동적인 스타일의 요가 훈련 방식으로, 용어가 가진 뉘앙스 때문에 격렬한 움직임을 연상하는 경향이 있습니다. 이 책에서 소개하는 다이내믹 요가는 생각 만큼 과격한 움직임은 별로 없으므로 오해 없으시기 바랍니다.

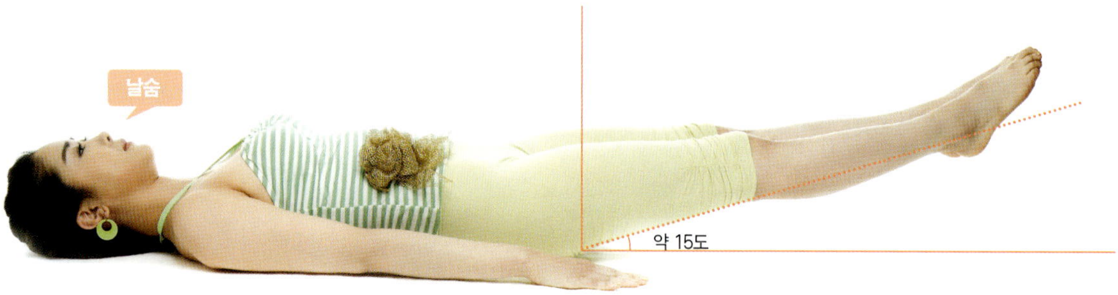

1
15도 정도로 다리를 들어올립니다.

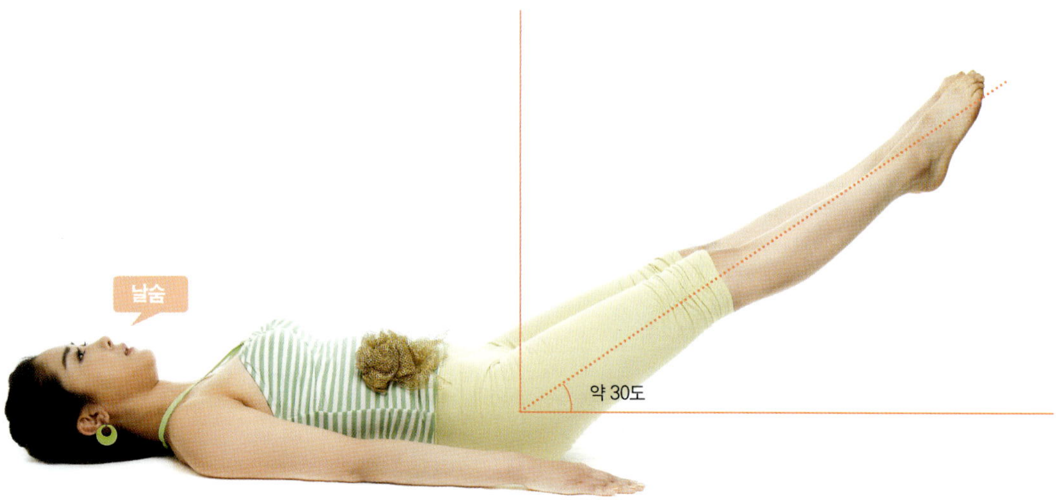

2
30도 정도로 다리를 들어올립니다.

3
60도 정도로 다리를 들어올립니다.

4
90도 정도로 다리를 들어올립니다.

다이내믹 가래 자세 2(머리 든 자세)

동작이 익숙해지면, 그림과 같이 머리를 들어올린 채 진행하는 것이 좋습니다. 머리를 들어올리면, 다리와 복부에 가해지는 자극이 훨씬 강해집니다.

'하늘 송곳 자세'의 변형

다이내믹 하늘 송곳 연속 자세

'하늘 송곳 자세'는 역전위(逆轉位)가 되어 내장하수(內臟下垂)를 다스리고, 각선미를 가꾸어 주며, 복근을 강화하여 요통을 없애 줍니다. 물구나무 서기류의 역전위 자세는 전통 요가에서 '요가의 여왕'이라는 별칭이 있을 정도로 많이 알려져 있습니다. '하늘 송곳 자세'도 대표적인 역전위 자세에 속합니다.

1
허리를 받쳐 '쟁기 자세'를 만듭니다.

2
오금을 구부려 다리를
들어올릴 준비를 합니다.

3
'의자 자세'를 만듭니다. 대퇴부를 수평 모양으로 만들고, 다리를 들어올릴 준비를 합니다.
'의자 자세'를 취하고 싶을 때에는 이 모양을 유지합니다.

4
허리를 단단히 받치고 복부와 허벅지 부분에 힘을 주어
'하늘송곳 자세'를 만듭니다.
자세가 완성되면, 처음 과정으로 돌아가 반복 수련합니다.

Page '하늘 송곳 자세'는 184쪽에 있습니다.

'날기 자세'의 변형

다이내믹 날기 자세

단전의 강화나 등 비만 해소 등과 같은 직접적인 효과를 원하는 분들이 시도해 볼 만한 다이내믹 요가 행법입니다. 척추의 인대와 척추 주변의 근육을 튼튼하게 해 주며, 요통을 예방하는 효과가 있습니다. 아울러 상체와 하체를 지면에서 올렸다가 내리는 동작을 반복함으로써 평소에 잘 쓰지 않아 굳은 부위에 자극을 주기 때문에 경락이 소통되면서 숙면을 취할 수 있습니다.

1
서혜부 앞에 손을 모으고
다리를 들어올립니다.

2
다리를 최대한 들어올린 후, 상체를 위로 올리는 동작을 여러 차례 반복합니다.

조심하세요

'날기 자세'는 '메뚜기 자세'와 흡사하나, 상체와 하체가 동시에 지면에서 떨어져야 한다는 점이 다릅니다. 이 동작을 쉽게 하기 위해서는 먼저 다리를 지면에서 띄워야 합니다. 상체를 먼저 너무 높이 올리면, 하체가 쉽게 올라가지 않기 때문입니다.

Page '날기 자세'는 138쪽에 있습니다.

'코브라 자세'의 변형
다이내믹 코브라 자세

'코브라 자세'는 일명 '뱀 자세'의 연속 행법으로 많이 알려져 있습니다. 여기서 연속 행법이라 함은 연이어 수련할 수 있는 방법을 말하며, 원래 호흡에 맞추어 천천히 수련을 진행하지만, 유연한 사람의 경우에는 다소 빠른 듯한 동적인 방법으로 수련해도 무방합니다. '다이내믹 코브라 자세'는 척추를 여러 각도에서 자극하기 때문에 몸통 부분의 유연성을 길러 주는 데에 많은 도움을 줍니다. 수련 시 자신의 유연성을 고려하여 중간에 멈추어도 상관 없습니다. 아래 동작 중 4~6단계는 난이도가 높은 동작이기 때문에 몸이 유연하지 않은 분들은 수행하지 않아도 무방합니다.

1
바닥에 배를 대고 엎드려서 고개를 들고 몸을 세울 준비를 합니다.

2
고개를 들어올립니다.

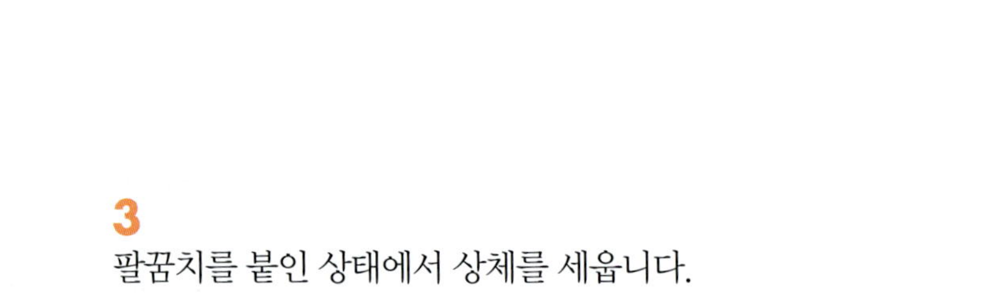

3
팔꿈치를 붙인 상태에서 상체를 세웁니다.

Page '코브라 자세'는 132쪽에 있습니다.

4
팔 전체로 상체를 세웁니다.

5
상체를 뒤로 젖히면서 발을 들어올립니다.

6
머리와 발끝을 최대한 가깝게 합니다.

조심하세요

1 | 여기에 소개된 방식은 초급형에서 고급형까지를 모아놓은 것으로, 중간 단계에서 멈추어도 무방합니다. 자신의 현재 신체 상태를 충분히 고려하여 부상을 입는 경우가 없기를 바랍니다.
2 | 다이내믹 요가 스타일로 수련을 즐길 수 있는 방식이기는 하지만 '코브라 자세'에서의 반동은 신체에 무리를 줄 수 있으므로 삼가야 합니다.
3 | 동작이 어려우므로, 의사의 의학적 권고를 받고 있는 환자의 경우에는 의사의 조언에 따르거나 자신의 신체 유연성을 충분히 감안하여 수련하시기를 바랍니다.

요가 자세 쉽게
찾아보기

기타

MEMO